NOUVEAU
CODE PÉNAL.

LOI

CONTENANT DES MODIFICATIONS

AU CODE D'INSTRUCTION
CRIMINELLE.

NOUVEAU

CODE PENAL.

IMPRIMERIE DE CLEMENT CHALANDRE FILS.

NOUVEAU
CODE PÉNAL,

SUIVI

DE LA LOI

CONTENANT DES MODIFICATIONS

AU CODE D'INSTRUCTION CRIMINELLE.

BESANÇON,

A LA LIBRAIRIE DE BINTOT,

PLACE SAINT-PIERRE.

MAI 1832.

CODE PÉNAL.

ORDONNANCE DU ROI

CONTENANT LE TEXTE OFFICIEL DU CODE PÉNAL.

A Paris, au palais des Tuileries, le 28 Avril 1832.

LOUIS-PHILIPPE, Roi des Français, à tous présens et à venir, salut.

Vu la loi en date de ce jour sur les réformes à introduire dans la législation pénale;

Vu les articles 54 et 57 de la Charte constitutionnelle;

Sur le rapport de notre garde des sceaux, ministre secrétaire d'état au département de la justice,

Nous avons ordonné et ordonnons ce qui suit:

A compter du 1er juin prochain, date à partir de laquelle la loi de ce jour sur les réformes dans la législation pénale sera exécutoire, il ne sera reconnu comme texte officiel du Code pénal que le texte dont la teneur suit:

CODE PÉNAL

DISPOSITIONS PRÉLIMINAIRES.

(Loi décrétée le 12 février 1810, promulguée le 22 du même mois.

Art. 1er. L'infraction que les lois punissent des peines de police est une *contravention*.

L'infraction que les lois punissent de peines correctionnelles est un *délit*.

1

L'infraction que les loi spunissent d'une peine afflictive ou infamante est un *crime*.

2. (1). Toute tentative de *crime* qui aura été manifestée par un commencement d'exécution, si elle n'a été suspendue ou si elle n'a manqué son effet que par des circonstances indépendantes de la volonté de son auteur, est considérée comme le *crime* même.

3. Les tentatives de *délits* ne sont considérées comme *délits* que dans les cas déterminés par une disposition spéciale de la loi.

4. Nulle contravention, nul délit, nul crime, ne peuvent être punis de peines qui n'étaient pas prononcées par la loi avant qu'ils fussent commis.

5. Les dispositions du présent code ne s'appliquent pas aux contraventions, délits et crimes *militaires*.

LIVRE 1ER.

DES PEINES EN MATIÈRE CRIMINELLE ET CORRECTIONNELLE ET DE LEURS EFFETS.

(Suite de la loi du 12 février 1810.)

6. Les peines en matière criminelle sont ou afflictives et infamantes, ou seulement infamantes.

---

(1) *Ancien article abrogé par la loi de ce jour:* 2. Toute tentative de *crime* qui aura été manifestée par des actes extérieurs, et suivie d'un commencement d'exécution, si elle n'a été suspendue ou n'a manqué son effet que par des circonstances fortuites ou indépendantes de la volonté de l'auteur, est considérée comme le *crime* même.

7 (1). Les peines afflictives et infamantes sont :

    1° La mort ;

    2° Les travaux forcés à perpétuité ;

    3° La déportation ;

    4° Les travaux forcés à temps ;

    5° La détention ;

    6° La reclusion.

8 (2). Les peines infamantes sont :

    1° Le bannissement ;

    2° La dégradation civique.

9. Les peines en matière correctionnelle sont :

    1° L'emprisonnement à temps dans un lieu de correction ;

    2° L'interdiction à temps de certains droits civiques, civils ou de famille ;

    3° L'amende.

10. La condamnation aux peines établies par la loi est toujours prononcée sans préjudice des restitutions et dommages-intérêts qui peuvent être dus aux parties.

11. Le renvoi sous la surveillance spéciale de la haute police, l'amende et la confiscation spéciale, soit du corps du délit, quand la pro-

---

(1) *Ancien article abrogé par la loi de ce jour :* 7. Les peines afflictives et infamantes sont :

1° La mort ;

2° Les travaux forcés à perpétuité ;

3° La déportation ;

4° Les travaux forcés à temps ;

5° La reclusion.

La marque et la confiscation générale peuvent être prononcées concurremment avec une peine afflictive, dans les cas déterminés par la loi.

(2) *Ancien article abrogé par la loi de ce jour :* 8. Les peines infamantes sont :

1° Le carcan ;

2° Le bannissement ;

3° La dégradation civique.

priété en appartient au condamné, soit des choses produites par le délit, soit de celles qui ont servi ou qui ont été destinées à le commettre, sont des peines communes aux matières criminelles et correctionnelles.

CHAPITRE 1er.

DES PEINES EN MATIÈRE CRIMINELLE.

12. Tout condamné à mort aura la tête tranchée.

13 (1). Le coupable condamné à mort pour parricide, sera conduit sur le lieu de l'exécution, en chemise, nu-pieds, et la tête couverte d'un voile noir.

Il sera exposé sur l'échafaud pendant qu'un huissier fera au peuple lecture de l'arrêt de condamnation, et il sera immédiatement exécuté à mort.

14. Les corps des suppliciés seront délivrés à leurs familles, si elles les réclament, à la charge par elles de les faire inhumer sans aucun appareil.

15. Les hommes condamnés aux travaux forcés seront employés aux travaux les plus pénibles ; ils traîneront à leurs pieds un boulet, ou seront attachés deux à deux avec une chaine, lorsque la nature du travail auquel ils seront employés le permettra.

(1) *Ancien article abrogé par la loi de ce jour :* 13. Le coupable condamné à mort pour parricide sera conduit sur le lieu de l'exécution, en chemise, nu pieds, et la tête couverte d'un voile noir.

Il sera exposé sur l'échafaud pendant qu'un huissier fera au peuple lecture de l'arrêt de condamnation : il aura ensuite le poing droit coupé, et sera immédiatement exécuté à mort.

16. Les femmes et les filles condamnées aux travaux forcés n'y seront employées que dans l'intérieur d'une maison de force.

17 (1). La peine de la déportation consistera à être transporté et à demeurer à perpétuité dans un lieu déterminé par la loi, hors du territoire continental du royaume.

Si le déporté rentre sur le territoire du royaume, il sera, sur la seule preuve de son identité, condamné aux travaux forcés à perpétuité.

Le déporté qui ne sera pas rentré sur le territoire du royaume, mais qui sera saisi dans les pays occupés par les armées françaises, sera conduit dans le lieu de sa déportation.

Tant qu'il n'aura pas été établi un lieu de déportation, ou lorsque les communications seront interrompues entre le lieu de la déportation et la métropole, le condamné subira à perpétuité la peine de la détention.

18 (2). Les condamnations aux travaux forcés à perpétuité et à la déportation emporteront mort civile.

Néanmoins le Gouvernement pourra accorder

---

(1) Ancien article abrogé par la loi de ce jour : 17. La peine de la déportation consistera à être transporté et à demeurer à perpétuité dans un lieu déterminé par le Gouvernement, hors du territoire continental de la France.

Si le déporté rentre sur le territoire du royaume, il sera, sur la seule preuve de son identité, condamné aux travaux forcés à perpétuité.

Le déporté qui ne sera pas rentré sur le territoire du royaume, mais qui sera saisi dans des pays occupés par les armées françaises, sera reconduit dans le lieu de sa déportation.

(2) Ancien article abrogé par la loi de ce jour : 18. Les condamnations aux travaux forcés à perpétuité et à la déportation emporteront mort civile.

Néanmoins le Gouvernement pourra accorder au déporté, dans le lieu de la déportation, l'exercice des droits civils ou de quelques-uns de ces droits.

au condamné à la déportation l'exercice des droits civils ou de quelques-uns de ces droits.

19. La condamnation à la peine des travaux forcés à temps sera prononcée pour cinq ans au moins et vingt ans au plus.

20 (1). Quiconque aura été condamné à la détention sera renfermé dans l'une des forteresses situées sur le territoire continental du royaume, qui auront été déterminées par une ordonnance du Roi rendue dans la forme des réglemens d'administration publique.

Il communiquera avec les personnes placées dans l'intérieur du lieu de la détention ou avec celles du dehors, conformément aux réglemens de police établis par une ordonnance du Roi.

La détention ne peut être prononcée pour moins de cinq ans, ni pour plus de vingt ans, sauf le cas prévu par l'art. 33.

21. Tout individu de l'un ou l'autre sexe, condamné à la peine de la reclusion, sera renfermé dans une maison de force, et employé à des travaux dont le produit pourra être en partie appliqué à son profit, ainsi qu'il sera réglé par le Gouvernement.

_____

(1) *Ancien article abrégé par la Loi de ce jour :* 20. Quiconque aura été condamné à la peine des travaux forcés à perpétuité, sera flétri, sur la place publique, par l'application d'une empreinte avec un fer brûlant sur l'épaule droite.

Les condamnés à d'autres peines ne subiront la flétrissure que dans les cas où la loi l'aurait attachée à la peine qui leur est infligée.

Cette empreinte sera des lettres T. P. pour les coupables condamnés aux travaux forcés à perpétuité; de la lettre T. pour les coupables condamnés aux travaux forcés à temps, lorsqu'ils devront être flétris.

La lettre F. sera ajoutée dans l'empreinte, si le coupable est un faussaire.

La durée de cette peine sera au moins de cinq années, et de dix ans au plus.

22 (1). Quiconque aura été condamné à l'une des peines des travaux forcés à perpétuité, des travaux forcés à temps ou de la reclusion, avant de subir sa peine, demeurera durant une heure exposé aux regards du peuple sur la place publique. Au-dessus de sa tête sera placé un écriteau portant, en caractères gros et lisibles, ses noms, sa profession, son domicile, sa peine et la cause de sa condamnation.

En cas de condamnation aux travaux forcés à temps ou à la reclusion, la cour d'assises pourra ordonner par son arrêt que le condamné, s'il n'est pas en état de récidive, ne subira pas l'exposition publique.

Néanmoins, l'exposition publique ne sera jamais prononcée à l'égard des mineurs de dix-huit ans et des septuagénaires.

23 (2). La durée des peines temporaires comptera du jour où la condamnation sera devenue irrévocable.

24 (3). Néanmoins, à l'égard des condamnations à l'emprisonnement prononcées contre

---

(1) *Ancien article abrogé par la loi de ce jour :* **22**. Quiconque aura été condamné à l'une des peines des travaux forcés à perpétuité, des travaux forcés à temps, ou de la reclusion, avant de subir sa peine, sera attaché au carcan sur la place publique : il y demeurera exposé aux regards du peuple durant une heure : au-dessus de sa tête sera placé un écriteau portant, en caractères gros et lisibles, ses noms, sa profession, sa peine, et la cause de sa condamnation.

(2) *Ancien article abrogé par la loi de ce jour :* 23. La durée de la peine des travaux forcés à temps et de la peine de la reclusion se comptera du jour de l'exposition.

(3) *Ancien article abrogé par la loi de ce jour :* 24. La condamnation à la peine du carcan sera exécutée de la manière prescrite par l'article 22.

les individus en état de détention préalable, la durée de la peine ; si le condamné ne s'est pas pourvu, comptera du jour du jugement ou de l'arrêt, nonobstant l'appel ou le pourvoi du ministère public, et quel que soit le résultat de cet appel ou de ce pourvoi.

Il en sera de même dans les cas où la peine aura été réduite, sur l'appel ou le pourvoi du condamné.

25. Aucune condamnation ne pourra être exécutée les jours de fêtes nationales ou religieuses, ni les dimanches.

26. L'exécution se fera sur l'une des places publiques du lieu qui sera indiqué par l'arrêt de condamnation.

27. Si une femme condamnée à mort se déclare et s'il est vérifié qu'elle est enceinte, elle ne subira la peine qu'après sa délivrance.

28 (1). La condamnation à la peine des travaux forcés à temps, de la détention, de la réclusion ou du bannissement, emportera la dégradation civique. La dégradation civique sera encourue du jour où la condamnation sera devenue irrévocable, et, en cas de condamnation par contumace, du jour de l'exécution par effigie.

---

(1) *Ancien article abrogé par la loi de ce jour:* 28. Quiconque aura été condamné à la peine des travaux forcés à temps, du bannissement, de la réclusion ou du carcan, ne pourra jamais être juré, ni expert, ni être employé comme témoin dans les actes, ni déposer en justice autrement que pour y donner de simples renseignemens.

Il sera incapable de tutelle et de curatelle, si ce n'est de ses enfans, et sur l'avis seulement de sa famille.

Il sera déchu du droit de port d'armes, et du droit de servir dans les armées du Roi.

29 (1). Quiconque aura été condamné à la peine des travaux forcés à temps, de la détention ou de la reclusion, sera de plus, pendant la durée de sa peine, en état d'interdiction légale ; il lui sera nommé un tuteur et un subrogé-tuteur, pour gérer et administrer ses biens, dans les formes prescrites pour les nominations des tuteurs et subrogés-tuteurs aux interdits.

30 (2). Les biens du condamné lui seront remis après qu'il aura subi sa peine, et le tuteur lui rendra compte de son administration.

31. Pendant la durée de la peine, il ne pourra lui être remis aucune somme, aucune provision, aucune portion de ses revenus.

32. Quiconque aura été condamné au bannissement sera transporté, par ordre du Gouvernement, hors du territoire du royaume.

La durée du bannissement sera au moins de cinq années, et de dix ans au plus.

33 (3). Si le banni, avant l'expiration de sa peine, rentre sur le territoire du royaume, il sera, sur la seule preuve de son identité, condamné à la détention pour un temps au moins égal à celui qui restait à courir jusqu'à l'expira-

(1) *Ancien article abrogé par la loi de ce jour* : 29. Quiconque aura été condamné à la peine des travaux forcés à temps ou de la reclusion, sera, de plus, pendant la durée de sa peine, en état d'interdiction légale : il lui sera nommé un curateur pour gérer et administrer ses biens, dans les formes prescrites pour la nomination des tuteurs aux interdits.

(2) *Ancien article abrogé par la loi de ce jour* : 30. Les biens du condamné lui seront remis après qu'il aura subi sa peine, et le curateur lui rendra compte de son administration.

(3) *Ancien article abrogé par la loi de ce jour* : 33. Si le banni, durant le temps de son bannissement, rentre sur le territoire du royaume, il sera, sur la seule preuve de son identité, condamné à la peine de la déportation.

tion du bannissement, et qui ne pourra excéder le double de ce temps.

34 (1). La dégradation civique consiste :

1° Dans la destitution et l'exclusion des condamnés de toutes fonctions, emplois ou offices publics ;

2° Dans la privation du droit de vote, d'élection, d'éligibilité, et, en général, de tous les droits civiques et politiques, et du droit de porter aucune décoration ;

3° Dans l'incapacité d'être juré-expert, d'être employé comme témoin dans des actes, et de déposer en justice autrement que pour y donner de simples renseignemens ;

4° Dans l'incapacité de faire partie d'aucun conseil de famille, et d'être tuteur, curateur, subrogé tuteur ou conseil judiciaire, si ce n'est de ses propres enfans, et sur l'avis conforme de la famille ;

5° Dans la privation du droit de port d'armes, du droit de faire partie de la garde nationale, de servir dans les armées françaises ; de tenir école, ou d'enseigner et d'être employé dans aucun établissement d'instruction à titre de professeur, maître ou surveillant.

35 (2). Toutes les fois que la dégradation civique sera prononcée comme peine principale,

---

(1) *Ancien article abrogé par la loi de ce jour :* 34. La dégradation civique consiste dans la destitution et l'exclusion du condamné de toutes fonctions ou emplois publics, et dans la privation de tous les droits énoncés en l'article 28.

(2) *Ancien Article abrogé par la loi de ce jour :* 35. La durée du bannissement se comptera du jour où l'arrêt sera devenu irrévocable.

elle pourra être accompagnée d'un emprisonnement dont la durée, fixée par l'arrêt de condamnation, n'excédera pas cinq ans.

Si le coupable est un étranger ou un Français
ayant perdu la qualité de citoyen, la peine
de l'emprisonnement devra toujours être prononcée.

36 (1). Tous arrêts qui porteront la peine de
mort, des travaux forcés à perpétuité et à temps,
la déportation, la détention, la reclusion, la dégradation civique et le bannissement, seront
imprimés par extrait.

Ils seront affichés dans la ville centrale du
département, dans celle où l'arrêt aura été
rendu, dans la commune du lieu où le délit
aura été commis, dans celle où se fera l'exécution, et dans celle du domicile du condamné.

37 (2). *Abrogé.*

38 (3). *Abrogé.*

39 (4). *Abrogé.*

---

(1) *Ancien article abrogé par la loi de ce jour :* 36. Tous arrêts qui porteront la peine de mort, des travaux forcés à perpétuité ou à temps, la déportation, la reclusion, la peine du carcan, le bannissement et la dégradation civique, seront imprimés par extrait.

Ils seront affichés dans la ville centrale du département, dans celle où l'arrêt aura été rendu, dans la commune du lieu où le délit aura été commis,
dans celle ou se fera l'exécution, et dans celle du domicile du condamné.

(2) *Ancien article abrogé par l'article* 57 *de la Charte.* 37. La confiscation
générale est l'attribution des biens d'un condamné au domaine de l'État.

Elle ne sera la suite nécessaire d'aucune condamnation : elle n'aura lieu
que dans les cas où la loi la prononce expressément.

(3) *Ancien article abrogé par l'article* 57 *de la Charte.* 38. La confiscation
générale demeure grevée de toutes les dettes légitimes jusqu'à concurrence
de la valeur des biens confisqués, de l'obligation de fournir aux enfans ou
autres descendans une moitié de la portion dont le père n'aurait pu les pri-
ver.

De plus, la confiscation générale demeure grevée de la prestation des
alimens à qui il en est dû de droit.

(4) *Ancien article abrogé par l'article* 57 *de la Charte* 59. Le Roi pourra

CHAPITRE II.

DES PEINES EN MATIÈRE CORRECTIONNELLE.

40. Quiconque aura été condamné à la peine d'emprisonnement sera renfermé dans une maison de correction : il y sera employé à l'un des travaux établis dans cette maison, selon son choix.

La durée de cette peine sera au moins de six jours, et de cinq années au plus ; sauf les cas de récidive ou autres où la loi aura déterminé d'autres limites.

La peine à un jour d'emprisonnement est de vingt-quatre heures ;

Celle à un mois est de trente jours.

41. Les produits du travail de chaque détenu pour délit correctionnel seront appliqués partie aux dépenses communes de la maison, partie à lui procurer quelques adoucissemens, s'il les mérite, partie à former pour lui, au temps de sa sortie, un fonds de réserve ; le tout ainsi qu'il sera ordonné par des réglemens d'administration publique.

42. Les tribunaux jugeant correctionnellement pourront, dans certains cas, interdire, en tout ou en partie, l'exercice des droits civiques, civils et de famille suivans :

1° De vote et d'élection ;

2° D'éligibilité ;

3° D'être appelé ou nommé aux fonctions de

---

disposer des biens confisqués, en faveur, soit des père, mère ou autres ascendans, soit de la veuve, soit des enfans ou autres descendans légitimes, naturels ou adoptifs, soit des autres parens du condamné.

juré ou autres fonctions publiques, ou aux emplois de l'administration, ou d'exercer ces fonctions ou emplois ;

4° Du port d'armes ;

5° De vote et de suffrage dans les délibérations de famille ;

6° D'être tuteur, curateur, si ce n'est de ses enfans et sur l'avis seulement de la famille ;

7° D'être expert ou employé comme témoin dans les actes ;

8° De témoignage en justice, autrement que pour y faire de simples déclarations.

43. Les tribunaux ne prononceront l'interdiction mentionnée dans l'article précédent, que lorsqu'elle aura été autorisée ou ordonnée par une disposition particulière de la loi.

CHAPITRE III.

DES PEINES ET DES AUTRES CONDAMNATIONS QUI PEUVENT ÊTRE PRONONCÉES POUR CRIMES OU DÉLITS.

44 (1). L'effet du renvoi sous la surveillance de la haute police sera de donner au Gouvernement le droit de déterminer certains lieux dans lesquels il sera interdit au condamné de

---

(1) *Ancien article abrogé par la loi de ce jour :* 44. L'effet du renvoi sous la surveillance de la haute police de l'État, sera de donner au Gouvernement, ainsi qu'à la partie intéressée, le droit d'exiger soit de l'individu placé dans cet état, après qu'il aura subi sa peine, soit de ses père et mère, tuteur ou curateur s'il est en âge de minorité, une caution solvable de bonne conduite, jusqu'à la somme qui sera fixée par l'arrêt ou le jugement : toute personne pourra être admise à fournir cette caution.

Faute de fournir ce cautionnement, le condamné demeure à la disposition du Gouvernement, qui a le droit d'ordonner, soit l'éloignement de l'individu d'un certain lieu, soit sa résidence continue dans un lieu déterminé de l'un des départemens du royaume.

paraître après qu'il aura subi sa peine. En outre, le condamné devra déclarer, avant sa mise en liberté, le lieu où il veut fixer sa résidence ; il recevra une feuille de route réglant l'itinéraire dont il ne pourra s'écarter, et la durée de son séjour dans chaque lieu de passage. Il sera tenu de se présenter, dans les vingt-quatre heures de son arrivée, devant le maire de la commune ; il ne pourra changer de résidence sans avoir indiqué, trois jours à l'avance, à ce fonctionnaire, le lieu où il se propose d'aller habiter, et sans avoir reçu de lui une nouvelle feuille de route.

45 (1). En cas de désobéissance aux dispositions prescrites par l'article précédent, l'individu mis sous la surveillance de la haute police sera condamné, par les tribunaux correctionnels, à un emprisonnement qui ne pourra excéder cinq ans.

46 (2). *Abrogé.*

47 (3). Les coupables condamnés aux tra-

---

(1) *Ancien article abrogé par la loi de ce jour :* 45. En cas de désobéissance à cet ordre, le Gouvernement aura le droit de faire arrêter et détenir le condamné, durant un intervalle de temps qui pourra s'étendre jusqu'à l'expiration du temps fixé pour l'état de la surveillance spéciale.

(2) *Ancien article abrogé par la loi de ce jour :* 46. Lorsque la personne mise sous la surveillance spéciale du Gouvernement, et ayant obtenu sa liberté sous caution, aura été condamnée par un arrêt ou jugement devenu irrévocable, pour un ou plusieurs crimes ou pour un ou plusieurs délits commis dans l'intervalle déterminé par l'acte de cautionnement, les cautions seront contraintes, même par corps, au paiement des sommes portées dans cet acte.

Les sommes recouvrées seront affectées de préférence aux restitutions, aux dommages-intérêts et frais adjugés aux parties lésées par ces crimes ou ces délits.

(3) *Ancien article abrogé par la loi de ce jour :* 47. Les coupables condamnés aux travaux forcés à temps et à la réclusion seront de plein droit, après

vaux forcés à temps, à la détention et à la reclusion, seront, de plein droit, après qu'ils
auront subi leur peine, et pendant toute la vie,
sous la surveillance de la haute police.

48. Les coupables condamnés au bannissement seront, de plein droit, sous la même surveillance pendant un temps égal à la durée de
la peine qu'ils auront subie.

49. Devront être renvoyés sous la même surveillance ceux qui auront été condamnés pour
crimes ou délits qui intéressent la sûreté intérieure ou extérieure de l'Etat.

50. Hors les cas déterminés par les articles
précédens, les condamnés ne seront placés sous
la surveillance de la haute police de l'Etat que
dans le cas où une disposition particulière de
la loi l'aura permis.

51 (1). Quand il y aura lieu à restitution, le
coupable pourra être condamné, en outre, envers la partie lésée, si elle le requiert, à des
indemnités dont la détermination est laissée à
la justice de la cour ou du tribunal, lorsque la
loi ne les aura pas réglées, sans que la cour ou
le tribunal puisse, du consentement même de
ladite partie, en prononcer l'application à une
œuvre quelconque.

---

qu'ils auront subi leurs peines, et pendant toute la vie sous la surveillance
de la haute police de l'Etat.

(1) *Ancien article abrogé par la loi de ce jour :* 51. Quand il y aura lieu à
restitution, le coupable sera condamné en outre, envers la partie, à des
indemnités, dont la détermination est laissée à la justice de la cour ou du
tribunal, lorsque la loi ne les aura pas réglées : sans qu'elles puissent jamais
être au-dessus du quart des restitutions, et sans que la cour ou le tribunal
puisse, du consentement même de la partie, en prononcer l'application à
une œuvre quelconque.

52. L'exécution des condamnations à l'amende, aux restitutions, aux dommages-intérêts et aux frais, pourra être poursuivie par la voie de la contrainte par corps.

53 (1). Lorsque des amendes et des frais seront prononcés au profit de l'Etat, si, après l'expiration de la peine afflictive ou infamante, l'emprisonnement du condamné, pour l'acquit de ces condamnations pécuniaires, a duré une année complète, il pourra, sur la preuve acquise par les voies de droit, de son absolue insolvabilité, obtenir sa liberté provisoire.

La durée de l'emprisonnement sera réduite à six mois s'il s'agit d'un délit; sauf, dans tous les cas, à reprendre la contrainte par corps, s'il survient au condamné quelque moyen de solvabilité.

54. En cas de concurrence de l'amende (2) avec les restitutions et les dommages-intérêts, sur les biens insuffisans du condamné, ces dernières condamnations obtiendront la préférence.

55. Tous les individus condamnés pour un même crime ou pour un même délit, seront tenus solidairement des amendes, des restitutions, des dommages-intérêts et des frais.

_____

(1) Cet article a été modifié par le titre V de la loi du 17 avril 1832, sur la contrainte par corps.

(2) Ancien article modifié en vertu de l'article 57 de la Charte : ou de la confiscation.

CHAPITRE IV.

DES PEINES DE LA RÉCIDIVE POUR CRIMES ET DÉLITS.

56 (1). Quiconque, ayant été condamné à une peine afflictive ou infamante, aura commis un second crime emportant, comme peine principale, la dégradation civique, sera condamné à la peine du bannissement.

Si le second crime emporte la peine du bannissement, il sera condamné à la peine de la détention.

Si le second crime emporte la peine de la reclusion, il sera condamné à la peine des travaux forcés à temps.

Si le second crime emporte la peine de la détention, il sera condamné au *maximum* de la même peine, laquelle pourra être élevée jusqu'au double.

Si le second crime emporte la peine des travaux forcés à temps, il sera condamné au *maximum* de la même peine, laquelle pourra être élevée jusqu'au double.

Si le second crime emporte la peine de la déportation, il sera condamné aux travaux forcés à perpétuité.

---

(1) *Ancien article abrogé par la loi de ce jour:* 56. Quiconque, ayant été condamné pour crime, aura commis un second crime emportant la dégradation civique, sera condamné à la peine du carcan.

Si le second crime emporte la peine du carcan ou le bannissement, il sera condamné à la peine de la reclusion.

Si le second crime entraîne la peine de la reclusion, il sera condamné à la peine des travaux forcés à temps et à la marque.

Si le second crime entraîne la peine des travaux forcés à temps ou la déportation, il sera condamné à la peine des travaux forcés à perpétuité.

Si le second crime entraîne la peine des travaux forcés à perpétuité, il sera condamné à la peine de mort.

Quiconque, ayant été condamné aux travaux forcés à perpétuité, aura commis un second crime emportant la même peine, sera condamné à la peine de mort.

Toutefois, l'individu condamné par un tribunal militaire ou maritime, ne sera, en cas de crime ou délit postérieur, passible des peines de la récidive qu'autant que la première condamnation aurait été prononcée pour des crimes ou délits punissables d'après les lois pénales ordinaires.

57. Quiconque, ayant été condamné pour un crime, aura commis un délit de nature à être puni correctionnellement, sera condamné au *maximum* de la peine portée par la loi, et cette peine pourra être élevée jusqu'au double.

58. Les coupables condamnés correctionnellement à un emprisonnement de plus d'une année, seront aussi, en cas de nouveau délit, condamnés au *maximum* de la peine portée par la loi, et cette peine pourra être élevée jusqu'au double : ils seront de plus mis sous la surveillance spéciale du Gouvernement pendant au moins cinq années, et dix ans au plus.

LIVRE II.

DES PERSONNES PUNISSABLES, EXCUSABLES OU RESPONSABLES, POUR CRIMES OU POUR DÉLITS.

(Loi décrétée le 13 février 1810. Promulguée le 23 du même mois.)

CHAPITRE UNIQUE.

59. Les complices d'un crime ou d'un délit seront punis de la même peine que les auteurs

mêmes de ce crime ou de ce délit, sauf les cas
où la loi en aurait disposé autrement.

60. Seront punis comme complices d'une action qualifiée crime ou délit, ceux qui, par
dons, promesses, menaces, abus d'autorité ou
de pouvoir, machinations ou artifices coupables, auront provoqué à cette action, ou donné
des instructions pour la commettre ;

Ceux qui auront procuré des armes, des instrumens, ou tout autre moyen qui aura servi
à l'action, sachant qu'ils devaient y servir ;

Ceux qui auront, avec connaissance, aidé ou
assisté l'auteur ou les auteurs de l'action, dans
les faits qui l'auront préparée ou facilitée, ou
dans ceux qui l'auront consommée; sans préjudice des peines qui seront spécialement portées
par le présent code contre les auteurs de complots ou de provocations attentatoires à la sûreté intérieure ou extérieure de l'Etat, même
dans le cas où le crime qui était l'objet des
conspirateurs ou des provocateurs n'aurait pas
été commis.

61. Ceux qui, connaissant la conduite criminelle des malfaiteurs exerçant des brigandages ou des violences contre la sûreté de l'E-
tat, la paix publique, les personnes ou les propriétés, leur fournissent habituellement logement, lieu de retraite ou de réunion, seront
punis comme leurs complices.

62. Ceux qui sciemment auront recélé, en
tout ou en partie, des choses enlevées, détournées ou obtenues à l'aide d'un crime ou d'un
délit, seront aussi punis comme complices de
ce crime ou délit.

63 (1). Néanmoins, la peine de mort, lorsqu'elle sera applicable aux auteurs des crimes, sera remplacée, à l'égard des recéleurs, par celle des travaux forcés à perpétuité.

Dans tous les cas, les peines des travaux forcés à perpétuité ou de la déportation, lorsqu'il y aura lieu, ne pourront être prononcées contre les recéleurs qu'autant qu'ils seront convaincus d'avoir eu, au temps du recélé, connaissance des circonstances auxquelles la loi attache les peines de mort, des travaux forcés à perpétuité et de la déportation; sinon ils ne subiront que la peine des travaux forcés à temps.

64. Il n'y a ni crime ni délit, lorsque le prévenu était en état de démence au temps de l'action, ou lorsqu'il a été contraint par une force à laquelle il n'a pu résister.

65. Nul crime ou délit ne peut être excusé, ni la peine mitigée, que dans les cas et dans les circonstances où la loi déclare le fait excusable, ou permet de lui appliquer une peine moins rigoureuse.

66. Lorsque l'accusé aura moins de seize ans, s'il est décidé qu'il a agi *sans discernement*, il sera acquitté; mais il sera, selon les circonstances, remis à ses parens, ou conduit dans une maison de correction, pour y être élevé et dé-

---

(1) *Ancien article abrogé par la loi de ce jour :* 63. Néanmoins, à l'égard des recéleurs désignés dans l'article précédent, la peine de mort, des travaux forcés à perpétuité, ou de la déportation, lorsqu'il y a lieu, ne leur sera appliquée qu'autant qu'ils seront convaincus d'avoir eu, au temps du recélé, connaissance des circonstances auxquelles la loi attache les peines de ces trois genres : sinon, ils ne subiront que la peine des travaux forcés à temps.

tenu pendant tel nombre d'années que le jugement déterminera, et qui toutefois ne pourra excéder l'époque où il aura accompli sa vingtième année.

67 (1). S'il est décidé qu'il a agi *avec discernement*, les peines seront prononcées ainsi qu'il suit :

S'il a encouru la peine de mort, des travaux forcés à perpétuité, de la déportation, il sera condamné à la peine de dix à vingt ans d'emprisonnement dans une maison de correction.

S'il a encouru la peine des travaux forcés à temps, de la détention ou de la reclusion ; il sera condamné à être renfermé dans une maison de correction, pour un temps égal au tiers au moins et à la moitié au plus de celui pour lequel il aurait pu être condamné à l'une de ces peines.

Dans tous les cas, il pourra être mis, par l'arrêt ou le jugement, sous la surveillance de la haute police pendant cinq ans au moins et dix ans au plus.

---

(1) *Ancien article abrogé par la loi de ce jour :* 67. S il est décidé qu'il a agi *avec discernement*, les peines seront prononcées ainsi qu'il suit :

S'il a encouru la peine de mort, des travaux forcés à perpétuité, ou de la déportation, il sera condamné à la peine de dix à vingt ans d'emprisonnement dans une maison de correction ;

S'il a encouru la peine des travaux forcés à temps, ou de la reclusion, il sera condamné à être renfermé dans une maison de correction pour un temps égal au tiers au moins et à la moitié au plus de celui auquel il aurait pu être condamné à l'une de ces peines.

Dans tous ces cas, il pourra être mis, par l'arrêt ou le jugement, sous la surveillance de la haute police pendant cinq ans au moins et dix ans au plus.

S'il a encouru la peine du carcan ou du bannissement, il sera condamné à être enfermé, d'un an à cinq ans, dans une maison de correction.

S'il a encouru la peine de la dégradation civique ou du bannissement, il sera condamné à être enfermé, d'un an à cinq ans, dans une maison de correction.

68 (1). L'individu, âgé de moins de seize ans, qui n'aura pas de complices présens au-dessus de cet âge, et qui sera prévenu de crimes autres que ceux que la loi punit de la peine de mort, de celle des travaux forcés à perpétuité, de la peine de la déportation ou de celle de la détention, sera jugé par les tribunaux correctionnels, qui se conformeront aux deux articles ci-dessus.

69 (2). Dans tous les cas où le mineur de seize ans n'aura commis qu'un simple délit, la peine qui sera prononcée contre lui ne pourra s'élever au-dessus de la moitié de celle à laquelle il aurait pu être condamné s'il avait eu seize ans.

70. Les peines des travaux forcés à perpétuité, de la déportation et des travaux forcés à temps, ne seront prononcées contre aucun individu âgé de soixante-dix ans accomplis au moment du jugement.

71 (3). Ces peines seront remplacées, à leur égard, savoir : celle de la déportation, par la

<hr>

(1) *Ancien article abrogé par la loi de ce jour :* 68. Dans aucun des cas prévus par l'article précédent, le condamné ne subira l'exposition publique.

(2) *Ancien article abrogé par la loi de ce jour :* 69. Si le coupable n'a encouru qu'une peine correctionnelle, il pourra être condamné à telle peine correctionnelle qui sera jugée convenable, pourvu qu'elle soit au-dessous de la moitié de celle qu'il aurait subie s'il avait eu seize ans.

(3) *Ancien article abrogé par la loi de ce jour :* 71. Ces peines seront remplacées, à leur égard, par celle de la réclusion, soit à perpétuité, soit à temps, et selon la durée de la peine qu'elle remplacera.

détention à perpétuité ; et les autres, par celle de la reclusion, soit à perpétuité, soit à temps, selon la durée de la peine qu'elle remplacera.

72. Tout condamné à la peine des travaux forcés à perpétuité, ou à temps, dès qu'il aura atteint l'âge de soixante-dix ans accomplis, en sera relevé, et sera renfermé dans la maison de force pour tout le temps à expirer de sa peine, comme s'il n'eût été condamné qu'à la reclusion.

73. Les aubergistes et hôteliers convaincus d'avoir logé, plus de vingt-quatre heures, quelqu'un qui, pendant son séjour, aurait commis un crime ou un délit, seront civilement responsables des restitutions, des indemnités et des frais adjugés à ceux à qui ce crime ou ce délit aurait causé quelque dommage, faute par eux d'avoir inscrit sur leur registre le nom, la profession et le domicile du coupable ; sans préjudice de leur responsabilité dans le cas des articles 1952 et 1953 du code civil.

74. Dans les autres cas de responsabilité civile qui pourront se présenter dans les affaires criminelles, correctionnelles ou de police, les cours et tribunaux devant qui ces affaires seront portées se conformeront aux dispositions du Code civil, livre III, titre IV, chapitre II.

LIVRE III.

DES CRIMES, DES DÉLITS, ET DE LEUR PUNITION.

TITRE PREMIER.

CRIMES ET DÉLITS CONTRE LA CHOSE PUBLIQUE.

'Chap. I. — II. Loi décrétée le 15 février 1810. Promulguée le 25 du même mois.)

(Chap. III. Loi décrétée le 16. Promulguée le 26.)

CHAPITRE Ier.

CRIMES ET DÉLITS CONTRE LA SURETÉ DE L'ÉTAT.

SECTION Ire.

Des Crimes et Délits contre la sûreté extérieure de l'État.

75. Tout Français qui aura porté les armes contre la France sera puni de mort (1).

76. Quiconque aura pratiqué des machinations ou entretenu des intelligences avec les puissances étrangères ou leurs agens, pour les engager à commettre des hostilités ou à entreprendre la guerre contre la France, ou pour leur en procurer les moyens, sera puni de mort (2).

Cette disposition aura lieu dans le cas même où lesdites machinations ou intelligences n'auraient pas été suivies d'hostilités.

77. Sera également puni de mort (3), quiconque aura pratiqué des manœuvres ou entretenu

---

(1) 2e alinéa de l'ancien article 57 abrogé en vertu de l'article 57 de la Charte, ses biens seront confisqués.

(2) Ancien article modifié en vertu de l'article 57 de la Charte : et ses biens seront confisqués.

(3) Ancien article modifié en vertu de l'article 57 de la Charte : et de la confiscation de ses biens.

des intelligences avec les ennemis de l'Etat, à l'effet de faciliter leur entrée sur le territoire et dépendances du royaume, ou de leur livrer des villes, forteresses, places, postes, ports, magasins, arsenaux, vaisseaux ou bâtimens appartenant à la France, ou de fournir aux ennemis des secours en soldats, hommes, argent, vivres, armes ou munitions, ou de seconder les progrès de leurs armes sur les possessions ou contre les forces françaises de terre ou de mer, soit en ébranlant la fidélité des officiers, soldats, matelots ou autres, envers le Roi et l'Etat, soit de toute autre manière.

78 (1). Si la correspondance avec les sujets d'une puissance ennemie, sans avoir pour objet l'un des crimes énoncés en l'article précédent, a néanmoins eu pour résultat de fournir aux ennemis des instructions nuisibles à la situation militaire ou politique de la France ou de ses alliés, ceux qui auront entretenu cette correspondance seront punis de la détention, sans préjudice de plus forte peine, dans le cas où ces instructions auraient été la suite d'un concert constituant un fait d'espionnage.

79. Les peines exprimées aux articles 76 et 77 seront les mêmes, soit que les machinations ou manœuvres énoncées en ces articles aient été

---

(2) *Ancien article abrogé par la loi de ce jour :* 78. Si la correspondance avec les sujets d'une puissance ennemie, sans avoir pour objet l'un des crimes énoncés en l'article précédent, a néanmoins eu pour résultat de fournir aux ennemis des instructions nuisibles à la situation militaire ou politique de la France ou de ses alliés, ceux qui auront entretenu cette correspondance seront punis du bannissement, sans préjudice de plus fortes peines dans le cas où ces instructions auraient été la suite d'un concert constituant un fait d'espionnage.

2

commises envers la France, soit qu'elles l'aient été envers les alliés de la France, agissant contre l'ennemi commun.

80. Sera puni des peines exprimées en l'article 76, tout fonctionnaire public, tout agent du Gouvernement, ou toute autre personne qui, chargée ou instruite officiellement ou à raison de son état, du secret d'une négociation ou d'une expédition, l'aura livré aux agens d'une puissance étrangère ou de l'ennemi.

81 (1). Tout fonctionnaire public, tout agent, tout préposé du Gouvernement, chargé, à raison de ses fonctions, du dépôt des plans de fortifications, arsenaux, ports ou rades, qui aura livré ces plans ou l'un de ces plans à l'ennemi ou aux agens de l'ennemi, sera puni de mort.

Il sera puni de la détention, s'il a livré ces plans aux agens d'une puissance étrangère neutre ou alliée.

82. Toute autre personne qui, étant parvenue, par corruption, fraude ou violence, à soustraire lesdits plans, les aura livrés ou à l'ennemi ou aux agens d'une puissance étrangère, sera punie comme le fonctionnaire ou agent mentionné dans l'article précédent, et selon les distinctions qui y sont établies.

Si lesdits plans se trouvaient, sans le préala-

---

(1) *Ancien article abrogé par la loi de ce jour :* 81. Tout fonctionnaire, tout agent, tout préposé du Gouvernement, chargé, à raison de ses fonctions, du dépôt des plans de fortifications, arsenaux, ports ou rades, qui aura livré ses plans ou l'un de ces plans à l'ennemi ou aux agens de l'ennemi, sera puni de mort, et ses biens seront confisqués.

Il sera puni du bannissement, s'il a livré ces plans aux agens d'une puissance étrangère neutre ou alliée.

ble emploi de mauvaises voies, entre les mains de la personne qui les a livrés, la peine sera, au premier cas mentionné dans l'article 81, la déportation;

Et au second cas du même article, un emprisonnement de deux à cinq ans.

83. Quiconque aura recélé ou aura fait recéler les espions ou soldats ennemis envoyés à la découverte et qu'il aura connus pour tels, sera condamné à la peine de mort.

84. Quiconque aura, par des actions hostiles non approuvées par le Gouvernement, exposé l'Etat à une déclaration de guerre, sera puni du bannissement; et si la guerre s'en est suivie, de la déportation.

85. Quiconque aura, par des actes non approuvés par le Gouvernement, exposé des Français à éprouver des représailles, sera puni du bannissement.

SECTION II.
Des Crimes contre la sûreté intérieure de l'État.

§ 1er.
Des Attentats et Complots dirigés contre le Roi et sa famille.

86 (1). L'attentat contre la vie ou contre la personne du Roi est puni de la peine du parricide.

L'attentat contre la vie ou contre la personne des membres de la famille royale, est puni de la peine de mort.

---

(1) *Ancien article abrogé par la loi de ce jour :* 86. L'attentat ou le complot contre la vie ou contre la personne du Roi est crime de lèse-majesté; ce crime est puni comme parricide, et emporte de plus la confiscation des biens.

Toute offense commise publiquement envers la personne du Roi sera punie d'un emprisonnement de six mois à cinq ans et d'une amende de cinq cents francs à dix mille francs. Le coupable pourra en outre être interdit de tout ou partie des droits mentionnés en l'art. 42, pendant un temps égal à celui de l'emprisonnement auquel il aura été condamné. Ce temps courra à compter du jour où le coupable aura subi sa peine.

87 (1). L'attentat dont le but sera, soit de détruire, soit de changer le Gouvernement ou l'ordre de successibilité au trône, soit d'exciter les citoyens ou habitans à s'armer contre l'autorité royale, sera puni de mort.

88 (2). L'exécution ou la tentative constitueront seules l'attentat.

89 (3). Le complot ayant pour but les crimes mentionnés aux articles 86 et 87, s'il a été suivi d'un acte commis ou commencé pour en préparer l'exécution, sera puni de la déportation.

S'il n'a été suivi d'aucun acte commis ou commencé pour en préparer l'exécution, la peine sera celle de la détention.

---

(1) *Ancien article abrogé par la loi de ce jour :* 87. L'attentat ou le complot contre la vie ou la personne des membres de la famille royale ;

L'attentat ou le complot dont le but sera,

Soit de détruire ou de changer le Gouvernement ou l'ordre de successibilité au trône,

Soit d'exciter les citoyens ou habitans à s'armer contre l'autorité royale, Seront punis de la peine de mort et de la confiscation des biens.

(2) *Ancien article abrogé par la loi de ce jour :* 88. Il y a attentat dès qu'un acte est commis ou commencé pour parvenir à l'exécution de ces crimes, quoiqu'ils n'aient pas été consommés.

(3) *Ancien article abrogé par la loi de ce jour :* 89. Il y a complot dès que la résolution d'agir est concertée et arrêtée entre deux conspirateurs ou un plus grand nombre, quoiqu'il n'y ait pas eu d'attentat.

Il y a complot dès que la résolution d'agir est concertée et arrêtée entre deux ou plusieurs personnes.

S'il y a eu proposition faite et non agréée de former un complot pour arriver aux crimes mentionnés dans les articles 86 et 87, celui qui aura fait une telle proposition sera puni d'un emprisonnement d'un an à cinq ans. Le coupable pourra de plus être interdit, en tout ou en partie, des droits mentionnés en l'article 42.

90 (1). Lorsqu'un individu aura formé seul la résolution de commettre l'un des crimes prévus par l'article 86, et qu'un acte pour en préparer l'exécution aura été commis ou commencé par lui seul et sans assistance, la peine sera celle de la détention.

§ II.

Des Crimes tendant à troubler l'État par la guerre civile, l'illégal emploi de la force armée, la dévastation et le pillage publics.

91 (2). L'attentat dont le but sera, soit d'exciter la guerre civile en armant ou en portant les citoyens ou habitans à s'armer les uns contre

---

(1) *Ancien article abrogé par la loi de ce jour :* 90. S'il n'y a pas eu de complot arrêté, mais une proposition faite et non agréée d'en former un pour arriver au crime mentionné dans l'article 86, celui qui aura fait une telle proposition sera puni de la reclusion.

L'auteur de toute proposition non agréée tendant à l'un des crimes énoncés dans l'article 87, sera puni du bannissement.

(2) *Ancien article abrogé par la loi de ce jour :* 91. L'attentat ou le complot dont le but sera, soit d'exciter la guerre civile en armant ou en portant les citoyens ou habitans à s'armer les uns contre les autres,

Soit de porter la dévastation, le massacre et le pillage dans une ou plusieurs communes,

Seront punis de la peine de mort, et les biens des coupables seront confisqués.

les autres, soit de porter la dévastation, le massacre et le pillage dans une ou plusieurs communes, sera puni de mort.

Le complot ayant pour but l'un des crimes
prévus au présent article, et la proposition de
former ce complot, seront punis des peines portées en l'article 89, suivant les distinctions qui
y sont établies.

92. Seront punis de mort (1), ceux qui auront levé ou fait lever des troupes armées, engagé ou enrôlé, fait engager ou enrôler des soldats, ou leur auront fourni ou procuré des
armes ou munitions, sans ordre ou autorisation du pouvoir légitime.

93. Ceux qui, sans droit ou motif légitime,
auront pris le commandement d'un corps d'armée, d'une troupe, d'une flotte, d'une es-
cadre, d'un bâtiment de guerre, d'une place
forte, d'un poste, d'un port, d'une ville;

Ceux qui auront retenu, contre l'ordre du
Gouvernement, un commandement militaire
quelconque;

Les commandans qui auront tenu leur armée
ou troupe rassemblée, après que le licencie-
ment ou la séparation en auront été ordonnés,
Seront punis de la peine de mort (2).

94. Toute personne qui, pouvant disposer de
la force publique, en aura requis ou ordonné,
fait requérir ou ordonner l'action ou l'emploi

---

(1) *Ancien article modifié en vertu de l'article* **57** *de la Charte : et de la confiscation de leurs biens.*

(2) *Ancien article modifié en vertu de l'article* **57** *de la Charte : et leurs
biens seront confisqués.*

contre la levée des gens de guerre légalement établie, sera punie de la déportation.

Si cette réquisition ou cet ordre ont été suivis de leur effet, le coupable sera puni de mort (1).

95. Tout individu qui aura incendié ou détruit, par l'explosion d'une mine, des édifices, magasins, arsenaux, vaisseaux, ou autres propriétés appartenant à l'État, sera puni de mort (2).

96. Quiconque, soit pour envahir des domaines, propriétés ou deniers publics, places, villes, forteresses, postes, magasins, arsenaux, ports, vaisseaux ou bâtimens appartenant à l'État, soit pour piller ou partager des propriétés publiques ou nationales, ou celles d'une généralité de citoyens, soit enfin pour faire attaque ou résistance envers la force publique agissant contre les auteurs de ces crimes, se sera mis à la tête de bandes armées, ou y aura exercé une fonction ou commandement quelconque, sera puni de mort (3).

Les mêmes peines seront appliquées à ceux qui auront dirigé l'association, levé ou fait lever, organisé ou fait organiser les bandes, ou leur auront, sciemment et volontairement, fourni ou procuré des armes, munitions et instrumens de crime, ou envoyé des convois de

---

(1) *Ancien article modifié en vertu de l'article 57 de la Charte :* et ses biens seront confisqués.

(2) *Ancien article modifié en vertu de l'article 57 de la Charte :* et ses biens seront confisqués.

(3) *Ancien article modifié en vertu de l'article 57 de la Charte :* et ses biens seront confisqués.

subsistances, ou qui auront de toute autre manière pratiqué des intelligences avec les directeurs ou commandans des bandes.

97. Dans le cas où l'un ou plusieurs des crimes mentionnés aux articles 86, 87 et 91 auront été exécutés ou simplement tentés par
une bande, la peine de mort (1) sera appliquée, sans distinction de grades, à tous
les individus faisant partie de la bande et qui
auront été saisis sur le lieu de la réunion séditieuse.

Sera puni des mêmes peines, quoique non
saisi sur le lieu, quiconque aura dirigé la sédition, ou aura exercé dans la bande un emploi ou commandement quelconque.

98. Hors le cas où la réunion séditieuse aurait eu pour objet ou résultat l'un ou plusieurs
des crimes énoncés aux articles 86, 87 et 91,
les individus faisant partie des bandes dont il
est parlé ci-dessus, sans y exercer aucun commandement ni emploi, et qui auront été saisis
sur les lieux, seront punis de la déportation.

99. Ceux qui, connaissant le but et le caractère desdites bandes, leur auront, sans contrainte, fourni des logemens, lieux de retraite
ou de réunion, seront condamnés à la peine des
travaux forcés à temps.

100. Il ne sera prononcé aucune peine, pour
le fait de sédition, contre ceux qui, ayant fait
partie de ces bandes sans y exercer aucun com-

_____

(1) *Ancien article modifié en vertu de l'article* **57** *de la Charte :* avec confiscation des biens.

mandement et sans y remplir aucun emploi ni fonctions, se seront retirés au premier avertissement des autorités civiles ou militaires, ou même depuis, lorsqu'ils n'auront été saisis que hors des lieux de la réunion séditieuse, sans opposer de résistance et sans armes.

Ils ne seront punis, dans ces cas, que des crimes particuliers qu'ils auraient personnellement commis; et néanmoins ils pourront être renvoyés, pour cinq ans ou au plus jusqu'à dix, sous la surveillance spéciale de la haute police.

101. Sont compris dans le mot *armes*, toutes machines, tous instrumens ou ustensiles tranchans, perçans ou contondans.

Les couteaux et ciseaux de poche, les cannes simples, ne seront réputés armes qu'autant qu'il en aura été fait usage pour tuer, blesser ou frapper.

DISPOSITION COMMUNE AUX DEUX PARAGRAPHES DE LA PRÉSENTE SECTION.

102 (1). Seront punis comme coupables des crimes et complots mentionnés dans la présente section, tous ceux qui, soit par discours tenus dans des lieux ou réunions publics, soit par placards affichés, soit par des écrits imprimés, auront excité directement les citoyens ou habitans à les commettre.

Néanmoins, dans le cas où lesdites provocations n'auraient été suivies d'aucun effet, leurs

---

(1) Abrogé par la loi du 17 mai 1819.

auteurs seront simplement punis du bannissement.

SECTION III.

De la révélation et de la non-révélation des crimes qui compromettent la sûreté intérieure ou extérieure de l'État.

103 (1). *Abrogé.*

104 (2). *Abrogé.*

105 (3). *Abrogé.*

106 (4). *Abrogé.*

107 (5). *Abrogé.*

108 (6). Seront exemptés des peines pro-

---

(1) *Ancien article abrogé par la loi de ce jour :* 103. Toutes personnes qui, ayant eu connaissance de complots formés ou de crimes projetés contre la sûreté intérieure ou extérieure de l'État, n'auront pas fait la déclaration de ces complots ou crimes, et n'auront pas révélé au Gouvernement, ou aux autorités administratives ou de police judiciaire, les circonstances qui en seront venues à leur connaissance, le tout dans les vingt-quatre heures qui auront suivi ladite connaissance, seront, lors même qu'elles seront reconnues exemptes de toute complicité, punies, pour le seul fait de non-révélation, de la manière et selon les distinctions qui suivent.

(2) *Ancien article abrogé par la loi de ce jour :* 104. S'il s'agit du crime de lèse majesté, tout individu qui, au cas de l'article précédent, n'aura point fait les déclarations qui y sont prescrites, sera puni de la reclusion.

(3) *Ancien article abrogé par la loi de ce jour :* 105. À l'égard des autres crimes ou complots mentionnés au présent chapitre, toute personne qui en étant instruite n'aura pas fait les déclarations prescrites par l'article 103, sera punie d'un emprisonnement de deux à cinq ans, et d'une amende de cinq cents francs à deux mille francs.

(4) *Ancien article abrogé par la loi de ce jour :* 106. Celui qui aura eu connaissance desdits crimes ou complots non révélés, ne sera point admis à excuse sur le fondement qu'il ne les aurait point approuvés, ou même qu'il s'y serait opposé, et aurait cherché à en dissuader leurs auteurs.

(5) *Ancien article abrogé par la loi de ce jour :* 107. Néanmoins, si l'auteur du crime ou complot est époux, même divorcé, ascendant ou descendant, frère ou sœur, ou allié aux mêmes degrés, de la personne prévenue de réticence, celle-ci ne sera point sujette aux peines portées par les articles précédents : mais elle pourra être mise, par l'arrêt ou le jugement, sous la surveillance spéciale de la haute police pendant un temps qui n'excédera pas dix ans.

(6) *Ancien article abrogé par la loi de ce jour :* 108. Seront exemptés des peines prononcées contre les auteurs des complots ou d'autres crimes atten-

noncées contre les auteurs de complots ou d'autres crimes attentatoires à la sûreté intérieure ou extérieure de l'État, ceux des coupables qui, avant toute exécution ou tentative de ces complots ou de ces crimes, et avant toutes poursuites commencées, auront les premiers donné au Gouvernement ou aux autorités administratives ou de police judiciaire, connaissance de ces complots ou crimes, et de leurs auteurs ou complices, ou qui, même depuis le commencement des poursuites, auront procuré l'arrestation desdits auteurs ou complices.

Les coupables qui auront donné ces connaissances ou procuré ces arrestations, pourront néanmoins être condamnés à rester pour la vie ou à temps sous la surveillance de la haute police.

CHAPITRE II.

CRIMES ET DÉLITS CONTRE LA CHARTE CONSTITUTIONNELLE.

SECTION Ire.

Des Crimes et délits relatifs à l'exercice des Droits civiques.

109. Lorsque, par attroupement, voies de fait ou menaces, on aura empêché un ou plu-

---

tatoires à la sûreté intérieure ou extérieure de l'État, ceux des coupables qui avant toute exécution ou tentative de ces complots ou de ces crimes, et avant toutes poursuites commencées, auront les premiers donné, aux autorités mentionnées en l'article 103, connaissance de ces complots ou crimes et de leurs auteurs ou complices, ou qui, même depuis le commencement des poursuites, auront procuré l'arrestation desdits auteurs ou complices.

Les coupables qui auront donné ces connaissances ou procuré ces arrestations, pourront néanmoins être condamnés à rester pour la vie ou à temps sous la surveillance spéciale de la haute police.

sieurs citoyens d'exercer leurs droits civiques, chacun des coupables sera puni d'un emprisonnement de six mois au moins et de deux ans au plus, et de l'interdiction du droit de voter et d'être éligible pendant cinq ans au moins et dix ans au plus.

110. Si ce crime a été commis par suite d'un plan concerté peur être exécuté soit dans tout le royaume, soit dans un ou plusieurs départemens, soit dans un ou plusieurs arrondissemens communaux, la peine sera le bannissement.

111 (1). Tout citoyen qui, étant chargé, dans un scrutin, du dépouillement des billets contenant les suffrages des citoyens, sera surpris falsifiant ces billets, ou en soustrayant de la masse, ou y en ajoutant, ou inscrivant sur les billets des votans non lettrés des noms autres que ceux qui lui auraient été déclarés, sera puni de la peine de la dégradation civique.

112. Toutes autres personnes coupables des faits énoncés dans l'article précédent, seront punies d'un emprisonnement de six mois au moins et de deux ans au plus, et de l'interdiction du droit de voter et d'être éligibles pendant cinq ans au moins et dix ans au plus.

113. Tout citoyen qui aura, dans les élec-

---

(1) *Ancien article abrogé par la loi de ce jour :* 111. Tout citoyen qui, étant chargé, dans un scrutin, du dépouillement des billets contenant les suffrages des citoyens, sera surpris falsifiant ces billets ou en soustrayant de la masse, ou y en ajoutant, ou inscrivant sur les billets des votans non lettrés des noms autres que ceux qui lui auraient été déclarés, sera puni de la peine du carcan.

tions, acheté ou vendu un suffrage à un prix quelconque, sera puni d'interdiction des droits de citoyen et de toute fonction ou emploi public pendant cinq ans au moins et dix ans au plus.

Seront en outre, le vendeur et l'acheteur du suffrage, condamnés chacun à une amende double de la valeur des choses reçues ou promises.

SECTION II.

Attentats à la liberté.

114. Lorsqu'un fonctionnaire public, un agent ou un préposé du Gouvernement, aura ordonné ou fait quelque acte arbitraire, ou attentatoire soit à la liberté individuelle, soit aux droits civiques d'un ou de plusieurs citoyens, soit à la Charte, il sera condamné à la peine de la dégradation civique.

Si néanmoins il justifie qu'il a agi par ordre de ses supérieurs pour des objets du ressort de ceux-ci, sur lesquels il leur était dû obéissance hiérarchique, il sera exempt de la peine, laquelle sera, dans ce cas, appliquée seulement aux supérieurs qui auront donné l'ordre.

115. Si c'est un ministre qui a ordonné ou fait les actes ou l'un des actes mentionnés en l'article précédent, et si, après les invitations mentionnées dans les articles 63 et 67 du sénatus-consulte du 28 floréal an 12, il a refusé ou négligé de faire réparer ces actes dans les délais

fixés par ledit acte, il sera puni du bannissement (1).

116. Si les ministres prévenus d'avoir ordonné ou autorisé l'acte contraire à la Charte, prétendent que la signature à eux imputée leur a été surprise, ils seront tenus, en faisant cesser l'acte, de dénoncer celui qu'ils déclareront auteur de la surprise; sinon ils seront poursuivis personnellement.

117. Les dommages-intérêts qui pourraient être prononcés à raison des attentats exprimés dans l'article 114, seront demandés, soit sur la poursuite criminelle, soit par la voie civile, et seront réglés, eu égard aux personnes, aux circonstances et au préjudice souffert, sans qu'en aucun cas, et quel que soit l'individu lésé, lesdits dommages-intérêts puissent être au-dessous de vingt-cinq francs pour chaque jour de détention illégale et arbitraire et pour chaque individu.

118. Si l'acte contraire à la Charte a été fait d'après une fausse signature du nom d'un ministre ou d'un fonctionnaire public, les auteurs du faux et ceux qui en auront sciemment fait usage, seront punis des travaux forcés à temps, dont le maximum sera toujours appliqué dans ce cas.

119. Les fonctionnaires publics chargés de la police administrative ou judiciaire, qui auront refusé ou négligé de déférer à une réclamation

---

(1) Les articles 63 et 67 du sénatus-consulte du 28 floréal an 12 se rattachaient à l'institution aujourd'hui abolie d'une commission sénatoriale de la liberté individuelle et d'une commission sénatoriale de la liberté de la presse.

légale tendant à constater les détentions illégales et arbitraires, soit dans les maisons destinées à la garde des détenus, soit partout ailleurs, et qui ne justifieront pas les avoir dénoncées à l'autorité supérieure, seront punis de la dégradation civique et tenus des dommages-intérêts, lesquels seront réglés comme il est dit dans l'article 117.

120. Les gardiens et concierges des maisons de dépôt, d'arrêt, de justice ou de peine, qui auront reçu un prisonnier sans mandat ou jugement, ou sans ordre provisoire du Gouvernement; ceux qui l'auront retenu, ou auront refusé de le représenter à l'officier de police ou au porteur de ses ordres, sans justifier de la défense du procureur du Roi ou du juge; ceux qui auront refusé d'exhiber leurs registres à l'officier de police, seront, comme coupables de détention arbitraire, punis de six mois à deux ans d'emprisonnement, et d'une amende de seize francs à deux cents francs.

121. Seront, comme coupables de forfaiture, punis de la dégradation civique, tout officier de police judiciaire, tous procureurs généraux ou du roi, tous substituts, tous juges, qui auront provoqué, donné ou signé un jugement, une ordonnance ou un mandat tendant à la poursuite personnelle ou accusation, soit d'un ministre, soit d'un membre de la Chambre des pairs, de la Chambre des députés ou du conseil d'état, sans les autorisations prescrites par les lois de l'État; ou qui, hors les cas de flagrant

délit ou de clameur publique, auront, sans les
mêmes autorisations, donné ou signé l'ordre
ou le mandat de saisir ou arrêter un ou plusieurs
ministres, ou membres de la Chambre des pairs,
de la Chambre des députés ou du conseil d'état.

122. Seront aussi punis de la dégradation civique les procureurs généraux ou du Roi, les
substituts, les juges ou les officiers publics qui
auront retenu ou fait retenir un individu hors
des lieux déterminés par le Gouvernement ou
par l'administration publique, ou qui auront
traduit un citoyen devant une cour d'assises (1),
sans qu'il ait été préalablement mis légalement
en accusation.

SECTION III.

Coalition des fonctionnaires.

123. Tout concert de mesures contraires aux
lois, pratiqué soit par la réunion d'individus
ou de corps dépositaires de quelque partie de
l'autorité publique, soit par députation ou correspondance entre eux, sera puni d'un emprisonnement de deux mois au moins et de six mois
au plus, contre chaque coupable, qui pourra de
plus être condamné à l'interdiction des droits
civiques, et de tout emploi public, pendant dix
ans au plus.

124. Si, par l'un des moyens exprimés ci-
dessus, il a été concerté des mesures contre

(1) *Ancien article modifié en vertu de l'article 54 de la Charte : ou une cour spéciale.*

l'exécution des lois ou contre les ordres du Gouvernement, la peine sera le bannissement.

Si ce concert a eu lieu entre les autorités civiles et les corps militaires ou leurs chefs, ceux qui en seront les auteurs ou provocateurs seront punis de la déportation; les autres coupables seront bannis.

125. Dans le cas où ce concert aurait eu pour objet ou résultat un complot attentatoire à la sûreté intérieure de l'État, les coupables seront punis de mort (1).

126. Seront coupables de forfaiture, et punis de la dégradation civique,

Les fonctionnaires publics qui auront, par délibération, arrêté de donner des démissions dont l'objet ou l'effet serait d'empêcher ou de suspendre soit l'administration de la justice, soit l'accomplissement d'un service quelconque.

SECTION IV.

Empiétement des Autorités administratives et judiciaires.

127. Seront coupables de forfaiture, et punis de la dégradation civique,

1° Les juges, les procureurs généraux ou du Roi, ou leurs substituts, les officiers de police, qui se seront immiscés dans l'exercice du pouvoir législatif, soit par des réglemens contenant des dispositions législatives, soit en arrêtant ou en suspendant l'exécution d'une ou de plusieurs

---

(1) Ancien article modifié en vertu de l'article 57 de la Charte : et leurs biens seront confisqués.

lois, soit en délibérant sur le point de savoir si les lois seront publiées ou exécutées.

2° Les juges, les procureurs généraux ou du Roi, ou leurs substituts, les officiers de police judiciaire, qui auraient excédé leur pouvoir, en s'immisçant dans les matières attribuées aux autorités administratives, soit en faisant des réglemens sur ces matières, soit en défendant d'exécuter les ordres émanés de l'administration, ou qui, ayant permis ou ordonné de citer des administrateurs pour raison de l'exercice de leurs fonctions, auraient persisté dans l'exécution de leurs jugemens ou ordonnances, nonobstant l'annulation qui en aurait été prononcée ou le conflit qui leur aurait été notifié.

128. Les juges qui, sur la revendication formellement faite par l'autorité administrative d'une affaire portée devant eux, auront néanmoins procédé au jugement avant la décision de l'autorité supérieure, seront punis chacun d'une amende de seize francs au moins et de cent cinquante francs au plus.

Les officiers du ministère public qui auront fait des réquisitions ou donné des conclusions pour ledit jugement, seront punis de la même peine.

129. La peine sera d'une amende de cent francs au moins et de cinq cents francs au plus contre chacun des juges qui, après une réclamation légale des parties intéressées ou de l'autorité administrative, auront, sans autorisation du Gouvernement, rendu des ordonnances ou décerné des mandats contre ses agens ou préposés, pré-

venus de crimes ou délits commis dans l'exercice de leurs fonctions.

La même peine sera appliquée aux officiers
du ministère public ou de police qui auront requis lesdites ordonnances ou mandats.

130. Les préfets, sous-préfets, maires et autres administrateurs qui se seront immiscés dans
l'exercice du pouvoir législatif, comme il est dit
au n° 1er de l'article 127, ou qui se seront ingérés de prendre des arrêtés généraux tendant
à intimer des ordres ou des défenses quelconques à des cours ou tribunaux, seront punis de
la dégradation civique.

131. Lorsque ces administrateurs entrepren-
dront sur les fonctions judiciaires en s'ingérant
de connaître de droits et intérêts privés du ressort des tribunaux, et qu'après la réclamation
des parties ou de l'une d'elles, ils auront néanmoins décidé l'affaire avant que l'autorité supérieure ait prononcé, ils seront punis d'une
amende de seize francs au moins et de cent cinquante francs au plus.

CHAPITRE III.

CRIMES ET DÉLITS CONTRE LA PAIX PUBLIQUE.

SECTION Ire.

Du Faux.

§ Ier

Fausse Monnaie.

132 (1). Quiconque aura contrefait ou altéré

_____

(1) *Ancien article abrogé par la loi de ce jour :* 132. Quiconque aura contrefait ou altéré les monnaies d'or ou d'argent ayant cours légal en France.

les monnaies d'or ou d'argent ayant cours légal en France, ou participé à l'émission ou exposition desdites monnaies contrefaites ou altérées, ou à leur introduction sur le territoire français, sera puni des travaux forcés à perpétuité.

133 (1). Celui qui aura contrefait ou altéré des monnaies de billon ou de cuivre ayant cours légal en France, ou participé à l'émission ou exposition desdites monnaies contrefaites ou altérées, ou à leur introduction sur le territoire français, sera puni des travaux forcés à temps.

134. Tout individu qui aura en France, contrefait ou altéré des monnaies étrangères, ou participé à l'émission, exposition ou introduction en France de monnaies étrangères contrefaites ou altérées, sera puni des travaux forcés à temps.

135. La participation énoncée aux précédens articles ne s'applique point à ceux qui, ayant reçu pour bonnes des pièces de monnaie contrefaites ou altérées, les ont remises en circulation.

Toutefois celui qui aura fait usage desdites pièces après en avoir vérifié ou fait vérifier les vices, sera puni d'une amende triple au moins et sextuple au plus de la somme représentée par les pièces qu'il aura rendues à la circulation,

---

ou participé à l'émission ou exposition desdites monnaies contrefaites ou altérées, ou à leur introduction sur le territoire français, sera puni de mort, et ses biens seront confisqués.

(1) *Ancien article abrogé par la loi de ce jour :* 133. Celui qui aura contrefait ou altéré des monnaies de billon ou de cuivre ayant cours légal en France, ou participé à l'émission ou exposition desdites monnaies contrefaites ou altérées, ou à leur introduction sur le territoire français, sera puni des travaux forcés à perpétuité.

sans que cette amende puisse en aucun cas être inférieure à seize francs.

136 (1). *Abrogé.*

137 (2). *Abrogé.*

138. Les personnes coupables des crimes mentionnés aux articles 132 et 133 seront exemptes de peine, si, avant la consommation de ces crimes et avant toutes poursuites, elles en ont donné connaissance et révélé les auteurs aux autorités constituées, ou si, même après les poursuites commencées, elles ont procuré l'arrestation des autres coupables.

Elles pourront néanmoins être mises, pour la vie ou à temps, sous la surveillance spéciale de la haute police.

§ II.

Contrefaçon des Sceaux de l'État, des Billets de banque, des Effets publics, et des Poinçons, Timbres et Marques.

139 (3). Ceux qui auront contrefait le sceau de l'État ou fait usage du sceau contrefait,

Ceux qui auront contrefait ou falsifié, soit

---

(1) *Ancien article abrogé par la loi de ce jour :* 136. Ceux qui auront eu connaissance d'une fabrique ou d'un dépôt de monnaies d'or, d'argent, de billon ou de cuivre ayant cours légal en France, contrefaites ou altérées, et qui n'auront pas, dans les vingt-quatre heures, révélé ce qu'ils savent aux autorités administratives ou de police judiciaire, seront, pour le seul fait de non-révélation, et lors même qu'ils seraient reconnus exempts de toute complicité, punis d'un emprisonnement d'un mois à deux ans.

(2) *Ancien article abrogé par la loi de ce jour :* 137. Sont néanmoins exceptés de la disposition précédente les ascendans et descendans, époux même divorcés, et les frères et sœurs des coupables, ou les alliés de ceux-ci aux mêmes degrés.

(3) *Ancien article abrogé par la loi de ce jour :* 139. Ceux qui auront contrefait le sceau de l'État ou fait usage du sceau contrefait;

Ceux qui auront contrefait ou falsifié, soit des effets émis par le trésor royal avec son timbre, soit des billets de banques autorisées par la loi, ou qui auront fait usage de ces effets ou billets contrefaits ou falsifiés, ou qui les auront introduits dans l'enceinte du territoire français,

Seront punis de mort, et leurs biens seront confisqués.

des effets émis par le trésor public avec son timbre, soit des billets de banques autorisées par la loi, ou qui auront fait usage de ces effets et billets contrefaits ou falsifiés, ou qui les auront introduits dans l'enceinte du territoire français,

Seront punis des travaux forcés à perpétuité.

140. Ceux qui auront contrefait ou falsifié, soit un ou plusieurs timbres nationaux, soit les marteaux de l'État servant aux marques forestières, soit le poinçon ou les poinçons servant à marquer les matières d'or ou d'argent, ou qui auront fait usage des papiers, effets, timbres, marteaux ou poinçons falsifiés ou contrefaits, seront punis des travaux forcés à temps, dont le *maximum* sera toujours appliqué dans ce cas.

141. Sera puni de la reclusion, quiconque s'étant indûment procuré les vrais timbres, marteaux ou poinçons ayant l'une des destinations exprimées en l'article 140, en aura fait une application ou usage préjudiciable aux droits ou intérêts de l'État.

142. Ceux qui auront contrefait les marques destinées à être apposées, au nom du Gouvernement, sur les diverses espèces de denrées ou de marchandises, ou qui auront fait usage de ces fausses marques;

Ceux qui auront contrefait le sceau, timbre ou marque d'une autorité quelconque, ou d'un établissement particulier de banque ou de commerce, ou qui auront fait usage des sceaux, timbres ou marques contrefaits,

Seront punis de la reclusion.

143 (1). Sera puni de la dégradation civique, quiconque, s'étant indûment procuré les vrais sceaux, timbres ou marques ayant l'une des destinations exprimées en l'article 142, en aura fait une application ou usage préjudiciable aux droits ou intérêts de l'État, d'une autorité quelconque, ou même d'un établissement particulier.

144 (2). Les dispositions de l'article 138 sont applicables aux crimes mentionnés dans l'article 139.

§ III.

Des Faux en écritures publiques ou authentiques, et de commerce ou de banque.

145. Tout fonctionnaire ou officier public qui, dans l'exercice de ses fonctions, aura commis un faux,

Soit par fausses signatures,

Soit par altération des actes, écritures ou signatures,

Soit par supposition de personnes,

Soit par des écritures faites ou intercalées sur des registres ou d'autres actes publics, depuis leur confection ou clôture,

Sera puni des travaux forcés à perpétuité.

146. Sera aussi puni des travaux forcés à perpétuité, tout fonctionnaire ou officier public qui, en rédigeant des actes de son ministère,

---

(1) *Ancien article abrogé par la loi de ce jour:* 143. Sera puni du carcan, quiconque, s'étant indûment procuré les vrais sceaux, timbres ou marques ayant l'une des destinations exprimées en l'article 142, en aura fait une application ou usage préjudiciable aux droits ou intérêts de l'État, d'une autorité quelconque, ou même d'un établissement particulier.

(2) *Ancien article abrogé par la loi de ce jour:* 144. Les dispositions des articles 136, 137 et 138, sont applicables aux crimes mentionnés dans l'article 139.

en aura frauduleusement dénaturé la substance ou les circonstances, soit en écrivant des conventions autres que celles qui auraient été tracées ou dictées par les parties, soit en constatant comme vrais des faits faux, ou comme avoués des faits qui ne l'étaient pas.

147. Seront punies des travaux forcés à temps, toutes autres personnes qui auront commis un faux en écriture authentique et publique, ou en écriture de commerce ou de banque,

Soit par contrefaçon ou altération d'écritures ou de signatures,

Soit par fabrication de conventions, dispositions, obligations ou décharges, ou par leur insertion après coup dans ces actes,

Soit par addition ou altération de clauses, de déclarations ou de faits que ces actes avaient pour objet de recevoir et de constater.

148. Dans tous les cas exprimés au présent paragraphe, celui qui aura fait usage des actes faux sera puni des travaux forcés à temps.

149. Sont exceptés des dispositions ci-dessus, les faux commis dans les passe-ports et feuilles de route, sur lesquels il sera particulièrement statué ci-après.

§ IV.

Du Faux en écriture privée.

150. Tout individu qui aura, de l'une des manières exprimées en l'article 147, commis un faux en écriture privée, sera puni de la reclusion.

151. Sera puni de la même peine celui qui aura fait usage de la pièce fausse.

152. Sont exceptés des dispositions ci-dessus, les faux certificats de l'espèce dont il sera ci-après parlé.

§ V.

Des Faux commis dans les Passe-ports, Feuilles de route et Certificats.

153. Quiconque fabriquera un faux passe-port ou falsifiera un passe-port originairement véritable, ou fera usage d'un passe-port fabriqué ou falsifié, sera puni d'un emprisonnement d'une année au moins et de cinq ans au plus.

154. Quiconque prendra, dans un passe-port, un nom supposé, ou aura concouru comme témoin à faire délivrer le passe-port sous le nom supposé, sera puni d'un emprisonnement de trois mois à un an.

Les logeurs et aubergistes qui sciemment inscriront sur leurs registres, sous des noms faux ou supposés, les personnes logées chez eux, seront punis d'un emprisonnement de six jours au moins et d'un mois au plus.

155. Les officiers publics qui délivreront un passe-port à une personne qu'ils ne connaîtront pas personnellement, sans avoir fait attester ses noms et qualités par deux citoyens à eux connus, seront punis d'un emprisonnement d'un mois à six mois.

Si l'officier public, instruit de la supposition du nom, a néanmoins délivré le passe-port sous le nom supposé, il sera puni du bannissement.

156. Quiconque fabriquera une fausse feuille de route, ou falsifiera une feuille de route originairement véritable, ou fera usage d'une feuille

de route fabriquée ou falsifiée, sera puni, savoir,

D'un emprisonnement d'une année au moins et de cinq ans au plus, si la fausse feuille de route n'a eu pour objet que de tromper la surveillance de l'autorité publique ;

Du bannissement, si le trésor royal a payé au porteur de la fausse feuille des frais de route qui ne lui étaient pas dus ou qui excédaient ceux auxquels il pouvait avoir droit, le tout néanmoins au-dessous de cent francs ;

Et de la reclusion, si les sommes indûment reçues par le porteur de la feuille s'élèvent à cent francs ou au-delà.

157. Les peines portées en l'article précédent seront appliquées, selon les distinctions qui y sont posées, à toute personne qui se sera fait délivrer, par l'officier public, une feuille de route sous un nom supposé.

158. Si l'officier public était instruit de la supsition de nom lorsqu'il a délivré la feuille, il sera puni, savoir,

Dans le premier cas posé par l'article 156, du bannissement ;

Dans le second cas du même article, de la reclusion ;

Et dans le troisième cas, des travaux forcés à temps.

159. Toute personne qui, pour se rédimer elle-même ou en affranchir une autre d'un service public quelconque, fabriquera, sous le nom d'un médecin, chirurgien ou autre officier de santé, un certificat de maladie ou d'infir-

mité, sera punie d'un emprisonnement de deux
à cinq ans.

160. Tout médecin, chirurgien ou autre officier de santé qui, pour favoriser quelqu'un,
certifiera faussement des maladies ou infirmités
propres à dispenser d'un service public, sera
puni d'un emprisonnement de deux à cinq ans.

S'il y a été mu par dons ou promesses, il
sera puni du bannissement : les corrupteurs
seront, en ce cas, punis de la même peine.

161. Quiconque fabriquera, sous le nom d'un
fonctionnaire ou officier public, un certificat de
bonne conduite, indigence ou autres circonstances propres à appeler la bienveillance du
Gouvernement ou des particuliers sur la personne y désignée, et à lui procurer places, crédit ou secours, sera puni d'un emprisonnement
de six mois à deux ans.

La même peine sera appliquée, 1° à celui qui
falsifiera un certificat de cette espèce, originairement véritable, pour l'approprier à une
personne autre que celle à laquelle il a été pri-
mitivement délivré; 2° à tout individu qui se
sera servi du certificat ainsi fabriqué ou falsifié.

162. Les faux certificats de toute autre nature,
et d'où il pourrait résulter soit lésion envers des
tiers, soit préjudice envers le trésor royal, seront punis, selon qu'il y aura lieu, d'après les
dispositions des paragraphes 3 et 4 de la présente section.

DISPOSITIONS COMMUNES.

163. L'application des peines portées contre

ceux qui ont fait usage de monnaies, billets, sceaux, timbres, marteaux, poinçons, marques et écrits faux, contrefaits, fabriqués ou falsifiés, cessera toutes les fois que le faux n'aura pas été connu de la personne qui aura fait usage de la chose fausse.

164 (1). Il sera prononcé contre les coupables une amende dont le *maximum* pourra être porté jusqu'au quart du bénéfice illégitime que le faux aura procuré ou était destiné à procurer aux auteurs du crime, à leurs complices ou à ceux qui ont fait usage de la pièce fausse. Le *minimum* de cette amende ne pourra être inférieur à cent francs.

165 (2). Tout faussaire condamné, soit aux travaux forcés, soit à la reclusion, subira l'exposition publique.

SECTION II.

De la Forfaiture et des Crimes et Délits des Fonctionnaires publics dans l'exercice de leurs fonctions.

166. Tout crime commis par un fonctionnaire public dans l'exercice de ses fonctions, est une forfaiture.

167. Toute forfaiture pour laquelle la loi ne prononce pas de peines plus graves, est punie de la dégradation civique.

---

(1) *Ancien article modifié en vertu de l'article* 57 *de la Charte :* Dans tous les cas où la peine du faux n'est point accompagnée de la confiscation des biens, il sera prononcé, etc.

(2) *Ancien article abrogé par la loi de ce jour :* 165. La marque sera infligée à tout faussaire condamné soit aux travaux forcés à temps, soit même à la reclusion.

168. Les simples délits ne constituent par les fonctionnaires en forfaiture.

§ Ier.

Des Soustractions commises par les Dépositaires publics.

169. Tout percepteur, tout commis à une perception, dépositaire ou comptable public, qui aura détourné ou soustrait des deniers publics ou privés, ou effets actifs en tenant lieu, ou des pièces, titres, actes, effets mobiliers qui étaient entre ses mains en vertu de ses fonctions, sera puni des travaux forcés à temps, si les choses détournées ou soustraites sont d'une valeur au-dessus de trois mille francs.

170. La peine des travaux forcés à temps aura lieu également, quelle que soit la valeur des deniers ou des effets détournés ou soustraits, si cette valeur égale ou excède soit le tiers de la recette ou du dépôt, s'il s'agit de deniers ou effets une fois reçus ou déposés, soit le cautionnement, s'il s'agit d'une recette ou d'un dépôt attaché à une place sujette à cautionnement, soit enfin le tiers du produit commun de la recette pendant un mois, s'il s'agit d'une recette composée de rentrées successives et non sujette à cautionnement.

171. Si les valeurs détournées ou soustraites sont au-dessous de trois mille francs, et en outre inférieures aux mesures exprimées en l'article précédent, la peine sera un emprisonnement de deux ans au moins et de cinq ans au plus, et le condamné sera de plus déclaré à jamais incapable d'exercer aucune fonction publique.

172. Dans les cas exprimés aux trois articles précédens, il sera toujours prononcé contre le condamné une amende dont le *maximum* sera le quart des restitutions et indemnités, et le *minimum* le douzième.

173. Tout juge, administrateur, fonctionnaire ou officier public qui aura détruit, supprimé, soustrait ou détourné les actes et titres dont il était dépositaire en cette qualité, ou qui lui auront été remis ou communiqués à raison de ses fonctions, sera puni des travaux forcés à temps.

Tous agens, préposés ou commis, soit du Gouvernement, soit des dépositaires publics, qui se seront rendus coupables des mêmes soustractions, seront soumis à la même peine.

§ II.
Des Concussions commises par des Fonctionnaires publics.

174. Tous fonctionnaires, tous officiers publics, leurs commis ou préposés, tous percepteurs des droits, taxes, contributions, deniers, revenus publics ou communaux, et leurs commis ou préposés, qui se seront rendus coupables du crime de concussion, en ordonnant de percevoir ou en exigeant ou en recevant ce qu'ils savaient n'être pas dû, ou excéder ce qui était dû pour droits, taxes, contributions, deniers ou revenus, ou pour salaires ou traitemens, seront punis, savoir, les fonctionnaires ou les officiers publics, de la peine de la réclusion; et leurs commis ou préposés, d'un emprisonnement de deux ans au moins et de cinq ans au plus.

Les coupables seront de plus condamnés à une amende dont le *maximum* sera le quart des restitutions et des dommages-intérêts, et le *minimum* le douzième.

§ III.

Des Délits de Fonctionnaires qui se seront ingérés dans des Affaires ou Commerces incompatibles avec leur qualité.

175. Tout fonctionnaire, tout officier public, tout agent du Gouvernement, qui, soit ouvertement, soit par actes simulés, soit par interposition de personnes, aura pris ou reçu quelque intérêt que ce soit dans les actes, adjudications, entreprises ou régies dont il a ou avait, au temps de l'acte, en tout ou en partie, l'administration ou la surveillance, sera puni d'un emprisonnement de six mois au moins et de deux ans au plus, et sera condamné à une amende qui ne pourra excéder le quart des restitutions et des indemnités, ni être au-dessus du douzième.

Il sera de plus déclaré à jamais incapable d'exercer aucune fonction publique.

La présente disposition est applicable à tout fonctionnaire ou agent du Gouvernement qui aura pris un intérêt quelconque dans une affaire dont il était chargé d'ordonnancer le paiement ou de faire la liquidation.

176. Tout commandant des divisions militaires, des départemens ou des places et villes, tout préfet ou sous-préfet qui aura, dans l'étendue des lieux où il a droit d'exercer son autorité, fait ouvertement, ou par des actes simulés, ou par interposition de personnes, le

commerce de grains, grenailles, farines, substances farineuses, vins ou boissons, autres
que ceux provenant de ses propriétés, sera puni
d'une amende de cinq cents francs au moins,
de dix mille francs au plus, et de la confiscation des denrées appartenant à ce commerce.

§ IV.

De la Corruption des Fonctionnaires publics.

177 (1). Tout fonctionnaire public de l'ordre
administratif ou judiciaire, tout agent ou préposé d'une administration publique, qui aura
agréé des offres ou promesses ou reçu des dons
ou présens pour faire un acte de sa fonction ou
de son emploi, même juste, mais non sujet à
salaire, sera puni de la dégradation civique, et
condamné à une amende double de la valeur
des promesses agréées ou des choses reçues,
sans que ladite amende puisse être inférieure à
deux cents francs.

La présente disposition est applicable à tout
fonctionnaire, agent ou préposé de la qualité
ci-dessus exprimée, qui, par offres ou promesses agréées, dons ou présens reçus, se sera
abstenu de faire un acte qui entrait dans l'ordre de ses devoirs.

---

(1) *Ancien article abrogé par la loi de ce jour :* 177. Tout fonctionnaire
public de l'ordre administratif ou judiciaire, tout agent ou préposé d'une
administration publique, qui aura agréé des offres ou promesses, ou reçu
des dons ou présens, pour faire un acte de sa fonction ou de son emploi,
même juste, mais non sujet à salaire, sera puni du carcan, et condamné à
une amende double de la valeur des promesses agréées ou des choses reçues, sans que ladite amende puisse être inférieure à deux cents francs.

La présente disposition est applicable à tout fonctionnaire, agent ou préposé de la qualité ci-dessus exprimée, qui, par offres ou promesses agréées,
dons ou présens reçus, se sera abstenu de faire un acte qui entrait dans
l'ordre de ses devoirs.

178 (1). Dans le cas où la corruption aurait pour objet un fait criminel emportant une peine plus forte que celle de la dégradation civique, cette peine plus forte sera appliquée aux coupables.

179. Quiconque aura contraint ou tenté de contraindre par voies de fait ou menaces, corrompu ou tenté de corrompre par promesses, offres, dons ou présens, un fonctionnaire, agent ou préposé de la qualité exprimée en l'article 177, pour obtenir, soit une opinion favorable, soit des procès-verbaux, états, certificats ou estimations contraires à la vérité, soit des places, emplois, adjudications, entreprises ou autres bénéfices quelconques, soit enfin tout autre acte du ministère du fonctionnaire, agent ou préposé, sera puni des mêmes peines que le fonctionnaire, agent ou préposé corrompu.

Toutefois, si les tentatives de contrainte ou corruption n'ont eu aucun effet, les auteurs de ces tentatives seront simplement punis d'un emprisonnement de trois mois au moins et de six mois au plus, et d'une amende de cent francs à trois cents francs.

180. Il ne sera jamais fait au corrupteur restitution des choses par lui livrées, ni de leur valeur : elles seront confisquées au profit des hospices des lieux où la corruption aura été commise.

---

(1) *Ancien article abrogé par la loi de ce jour :* 178. Dans le cas où la corruption aurait pour objet un fait criminel emportant une peine plus forte que celle du carcan, cette peine plus forte sera appliquée aux coupables.

181. Si c'est un juge prononçant en matière criminelle, ou un juré, qui s'est laissé corrompre, soit en faveur, soit au préjudice de l'accusé, il sera puni de la reclusion, outre l'amende ordonnée par l'article 177.

182. Si, par l'effet de la corruption, il y a eu condamnation à une peine supérieure à celle de la reclusion, cette peine, quelle qu'elle soit, sera appliquée au juge ou juré coupable de corruption.

183. Tout juge ou administrateur qui se sera décidé par faveur pour une partie ou par inimitié contre elle, sera coupable de forfaiture et puni de la dégradation civique.

§ V.

Des Abus d'autorité.

1re CLASSE.

Des abus d'autorité contre les Particuliers.

184 (1). Tout fonctionnaire de l'ordre administratif ou judiciaire, tout officier de justice ou de police, tout commandant ou agent de la force publique, qui agissant en sa dite qualité, se sera introduit dans le domicile d'un citoyen contre le gré de celui-ci, hors les cas prévus par la loi, et sans les formalités qu'elle a prescrites, sera puni d'un emprisonnement de six jours à un an, et d'une amende de seize francs à cinq

---

(1) *Ancien article abrogé par la loi de ce jour:* 184. Tout juge, tout procureur général ou du Roi, tout substitut, tout administrateur, ou tout autre officier de justice ou de police, qui se sera introduit dans le domicile d'un citoyen hors les cas prévus par la loi et sans les formalités qu'elle a prescrites, sera puni d'une amende de seize francs au moins et de deux cents francs au plus.

cents francs, sans préjudice de l'application du second paragraphe de l'article 114.

Tout individu qui se sera introduit à l'aide de menaces ou de violence dans le domicile d'un citoyen, sera puni d'un emprisonnement de six jours à trois mois, et d'une amende de seize francs à deux cents francs.

185. Tout juge ou tribunal, tout administrateur ou autorité administrative, qui, sous quelque prétexte que ce soit, même du silence ou de l'obscurité de la loi, aura dénié de rendre la justice qu'il doit aux parties, après en avoir été requis, et qui aura persévéré dans son déni, après avertissement ou injonction de ses supérieurs, pourra être poursuivi, et sera puni d'une amende de deux cents francs au moins et de cinq cents francs au plus, et de l'interdiction de l'exercice des fonctions publiques depuis cinq ans jusqu'à vingt.

186. Lorsqu'un fonctionnaire ou un officier public, un administrateur, un agent ou un préposé du Gouvernement ou de la police, un exécuteur des mandats de justice ou jugemens, un commandant en chef ou en sous-ordre de la force publique, aura, sans motif légitime, usé ou fait user de violences envers les personnes, dans l'exercice ou à l'occasion de l'exercice de ses fonctions, il sera puni selon la nature et la gravité de ses violences, et en élevant la peine suivant la règle posée par l'article 198 ci-après.

187 (1). Toute suppression, toute ouver-

---

(1) Ancien article abrogé par la loi de ce jour : 1'7. Toute suppression.

ture de lettres confiées à la poste, commise ou facilitée par un fonctionnaire ou un agent du Gouvernement ou de l'administration des postes, sera punie d'une amende de seize francs à cinq cents francs, et d'un emprisonnement de trois mois à cinq ans. Le coupable sera, de plus, interdit de toute fonction ou emploi public pendant cinq ans au moins et dix ans au plus.

2ᵉ CLASSE.

Des Abus d'autorité contre la chose publique.

188. Tout fonctionnaire public, agent ou préposé du Gouvernement, de quelque état et grade qu'il soit, qui aura requis ou ordonné, fait requérir ou ordonner l'action ou l'emploi de la force publique contre l'exécution d'une loi ou contre la perception d'une contribution légale, ou contre l'exécution soit d'une ordonnance ou mandat de justice, soit de tout autre ordre émané de l'autorité légitime, sera puni de la reclusion.

189 (1). Si cette réquisition ou cet ordre ont été suivis de leur effet, la peine sera le *maximum* de la reclusion.

190. Les peines énoncées aux articles 188 et 189 ne cesseront d'être applicables aux fonc-

---

toute ouverture de lettres confiées à la poste, commise ou facilitée par un fonctionnaire ou un agent du Gouvernement ou de l'administration des postes, sera punie d'une amende de seize francs à trois cents francs. Le coupable sera, de plus, interdit de toute fonction ou emploi public pendant cinq ans au moins et dix ans au plus.

(1) *Ancien article abrogé par la loi de ce jour :* 189. Si cette réquisition ou cet ordre ont été suivis de leur effet, la peine sera la déportation.

tionnaires ou préposés qui auraient agi par ordre de leurs supérieurs, qu'autant que cet ordre aura été donné par ceux-ci pour des objets de leur ressort, et sur lesquels il leur était dû obéissance hiérarchique ; dans ce cas, les peines portées ci-dessus ne seront appliquées qu'aux supérieurs qui les premiers auront donné cet ordre.

191. Si, par suite desdits ordres ou réquisitions, il survient d'autres crimes punissables de peines plus fortes que celles exprimées aux articles 188 et 189, ces peines plus fortes seront appliquées aux fonctionnaires, agens ou préposés coupables d'avoir donné lesdits ordres on fait lesdites réquisitions.

§ VI.

De quelques délits relatifs à la tenue des Actes de l'état civil.

192. Les officiers de l'état civil qui auront inscrit leurs actes sur de simples feuilles volantes, seront punis d'un emprisonnement d'un mois au moins et de trois mois au plus, et d'une amende de seize francs à deux cents francs.

193. Lorsque, pour la validité d'un mariage, la loi prescrit le consentement des père, mère, ou autres personnes, et que l'officier de l'état civil ne se sera point assuré de l'existence de ce consentement, il sera puni d'une amende de seize francs à trois cents francs, et d'un emprisonnement de six mois au moins et d'un an au plus.

194. L'officier de l'état civil sera aussi puni de seize francs à trois cents francs d'amende, lors-

qu'il aura reçu, avant le temps prescrit par l'article 228 du Code civil, l'acte de mariage d'une femme ayant déjà été mariée.

195. Les peines portées aux articles précédens contre les officiers de l'état civil leur seront appliquées, lors même que la nullité de leurs actes n'aurait pas été demandée ou aurait été couverte ; le tout sans préjudice des peines plus fortes prononcées en cas de collusion, et sans préjudice aussi des autres dispositions pénales du titre V du livre Ier du Code civil.

§ VII.

De l'Exercice de l'Autorité publique illégalement anticipé ou prolongé.

196. Tout fonctionnaire public qui sera entré en exercice de ses fonctions sans avoir prêté le serment, pourra être poursuivi, et sera puni d'une amende de seize francs à cent cinquante francs.

197. Tout fonctionnaire public révoqué, destitué, suspendu ou interdit légalement, qui, après en avoir eu la connaissance officielle, aura continué l'exercice de ses fonctions, ou qui, étant électif ou temporaire, les aura exercées après avoir été remplacé, sera puni d'un emprisonnement de six mois au moins et de deux ans au plus, et d'une amende de cent francs à cinq cents francs. Il sera interdit de l'exercice de toute fonction publique pour cinq ans au moins et dix ans au plus, à compter du jour où il aura subi sa peine : le tout sans préjudice des plus fortes peines portées contre les officiers ou les commandans militaires par l'article 93 du présent code.

DISPOSITIONS PARTICULIÈRES.

198 (1). Hors les cas où la loi règle spécialement les peines encourues pour crimes ou délits commis par les fonctionnaires ou officiers
publics, ceux d'e   re eux qui auront participé
à d'autres crimes o.. délits qu'ils étaient chargés de surveiller ou de réprimer, seront punis
comme il suit :

S'il s'agit d'un délit de police correctionnelle,
ils subiront toujours le *maximum* de la peine
attachée à l'espèce de délit ;

Et s'il s'agit de crime, ils seront condamnés,
savoir : à la reclusion, si le crime emporte contre tout autre coupable la peine du bannissement ou de la dégradation civique ;

Aux travaux forcés à temps, si le crime emporte contre tout autre coupable la peine de la
reclusion ou de la détention ;

Et aux travaux forcés à perpétuité, lorsque
le crime emportera contre tout autre coupable

---

(1) *Ancien article abrogé par la loi de ce jour :* 198. Hors le cas où la loi
règle spécialement les peines encourues pour crimes ou délits commis par
les fonctionnaires ou officiers publics, ceux d'entre eux qui auront participé à d'autres crimes ou délits qu'ils étaient chargés de surveiller ou de
réprimer, seront punis comme il suit :

S'il s'agit d'un délit de police correctionnelle, ils subiront toujours le
maximum de la peine attachée à l'espèce de délit :

Et s'il s'agit de crimes emportant peine afflictive, ils seront condamnés,
savoir :

A la reclusion, si le crime emporte contre tout autre coupable la peine
du bannissement ou du carcan ;

Aux travaux forcés à temps, si le crime emporte contre tout autre coupable la peine de la reclusion :

Et aux travaux forcés à perpétuité, lorsque le crime emportera contre
tout autre coupable la peine de la déportation ou celle des travaux forcés
à temps.

Au-delà des cas qui viennent d'être exprimés, la peine commune sera appliquée sans aggravation.

la peine de la déportation ou celle des travaux forcés à temps.

Au-delà des cas qui viennent d'être exprimés, la peine commune sera appliquée sans aggravation.

SECTION III.

Des Troubles apportés à l'ordre public par les Ministres des cultes dans l'exercice de leur ministère.

§ Ier.

Des Contraventions propres à compromettre l'état civil des Personnes.

199. Tout ministre d'un culte qui procédera aux cérémonies religieuses d'un mariage, sans qu'il lui ait été justifié d'un acte de mariage préalablement reçu par les officiers de l'état civil, sera, pour la première fois, puni d'une amende de seize francs à cent francs.

200 (1). En cas de nouvelles contraventions de l'espèce exprimée en l'article précédent, le ministre du culte qui les aura commises, sera puni, savoir :

Pour la première récidive, d'un emprisonnement de deux à cinq ans;

Et pour la seconde, de la détention.

§ II.

Des Critiques, Censures ou Provocations dirigées contre l'Autorité publique dans un discours pastoral prononcé publiquement.

201. Les ministres des cultes qui prononceront, dans l'exercice de leur ministère, et en

---

(1) *Ancien article abrogé par la loi de ce jour :* 200. En cas de nouvelles contraventions de l'espèce exprimée en l'article précédent, le ministre du culte qui les aura commises sera puni, savoir :
Pour la première récidive, d'un emprisonnement de deux à cinq ans ;
Et pour la seconde, de la déportation.

assemblée publique, un discours contenant la
critique ou censure du Gouvernement, d'une
loi, d'une ordonnance royale ou de tout autre
acte de l'autorité publique, seront punis d'un
emprisonnement de trois mois à deux ans.

202. Si le discours contient une provocation
directe à la désobéissance aux lois ou autres actes de l'autorité publique, ou s'il tend à
soulever ou armer une partie des citoyens contre les autres, le ministre du culte qui l'aura
prononcé sera puni d'un emprisonnement de
deux à cinq ans, si la provocation n'a été suivie
d'aucun effet; et du bannissement, si elle a
donné lieu à la désobéissance, autre toutefois
que celle qui aurait dégénéré en sédition ou
révolte.

203. Lorsque la provocation aura été suivie
d'une sédition ou révolte dont la nature donnera lieu contre l'un ou plusieurs des coupables à une peine plus forte que celle du bannissement, cette peine, quelle qu'elle soit, sera
appliquée au ministre coupable de la provocation.

§ III.

Des Critiques, Censures ou Provocations dirigées contre l'Autorité publique dans un écrit pastoral.

204. Tout écrit contenant des instructions
pastorales, en quelque forme que ce soit, et
dans lequel un ministre du culte se sera ingéré
de critiquer ou censurer, soit le Gouvernement,
soit tout acte de l'autorité publique, emportera la peine du bannissement contre le ministre qui l'aura publié.

205 (1). Si l'écrit mentionné en l'article précédent contient une provocation directe à la désobéissance aux lois ou autres actes de l'autorité publique, ou s'il tend à soulever ou armer une partie des citoyens contre les autres, le ministre qui l'aura publié sera puni de la détention.

206. Lorsque la provocation contenue dans l'écrit pastoral aura été suivie d'une sédition ou révolte dont la nature donnera lieu contre l'un ou plusieurs des coupables à une peine plus forte que celle de la déportation, cette peine, quelle qu'elle soit, sera appliquée au ministre coupable de la provocation.

§ IV.

De la Correspondance des Ministres des cultes avec des Cours ou Puissances étrangères, sur des matières de religion.

207. Tout ministre d'un culte qui aura, sur des questions ou matières religieuses, entretenu une correspondance avec une cour ou puissance étrangère, sans en avoir préalablement informé le ministre du Roi chargé de la surveillance des cultes, et sans avoir obtenu son autorisation, sera, pour ce seul fait, puni d'une amende de cent francs à cinq cents francs, et d'un emprisonnement d'un mois à deux ans.

208. Si la correspondance mentionnée en l'article précédent a été accompagnée ou suivie

---

(1) *Ancien article abrogé par la loi de ce jour :* 205. Si l'écrit mentionné en l'article précédent contient une provocation directe à la désobéissance aux lois ou autres actes de l'autorité publique, ou s'il tend à soulever ou armer une partie des citoyens contre les autres, le ministre qui l'aura publié sera puni de la déportation

d'autres faits contraires aux dispositions for-
melles d'une loi ou d'une ordonnance du Roi,
le coupable sera puni du bannissement, à moins
que la peine résultant de la nature de ces faits
ne soit plus forte, auquel cas cette peine plus
forte sera seule appliquée.

SECTION IV.

Résistance, Désobéissance et autres Manquemens
envers l'Autorité publique.

§ 1er.

Rebellion.

209. Toute attaque, toute résistance avec
violences et voies de fait envers les officiers mi-
nistériels, les gardes champêtres ou forestiers,
la force publique, les préposés à la perception
des taxes et des contributions, les porteurs de
contraintes, les préposés des douanes, les sé-
questres, les officiers ou agens de la police administrative ou judiciaire, agissant pour l'exécution des lois, des ordres ou ordonnances de
l'autorité publique, des mandats de justice ou
jugemens, est qualifiée, selon les circonstances, crime ou délit de rebellion.

210. Si elle a été commise par plus de vingt
personnes armées, les coupables seront punis
des travaux forcés à temps; et s'il n'y a pas eu
port d'armes, ils seront punis de la reclusion.

211. Si la rebellion a été commise par une
réunion armée de trois personnes ou plus jusqu'à vingt inclusivement, la peine sera la reclusion; s'il n'y a pas eu port d'armes, la peine

sera un emprisonnement de six mois au moins et deux ans au plus.

212. Si la rebellion n'a été commise que par une ou deux personnes, avec armes, elle sera punie d'un emprisonnement de six mois à deux ans, et si elle a eu lieu sans armes, d'un emprisonnement de six jours à six mois.

213. En cas de rebellion avec bande ou attroupement, l'article 100 du présent code sera applicable aux rebelles sans fonctions ni emplois dans la bande, qui se seront retirés au premier avertissement de l'autorité publique, ou même depuis, s'ils n'ont été saisis que hors du lieu de la rebellion, et sans nouvelle résistance et sans armes.

214. Toute réunion d'individus pour un crime ou un délit, est réputée réunion armée, lorsque plus de deux personnes portent des armes ostensibles.

215. Les personnes qui se trouveraient munies d'armes cachées, et qui auraient fait partie d'une troupe ou réunion non réputée armée, seront individuellement punies comme si elles avait fait partie d'une troupe ou réunion armée.

216. Les auteurs des crimes et délits commis pendant le cours et à l'occasion d'une rebellion, seront punis des peines prononcées contre chacun de ces crimes, si elles sont plus fortes que celles de la rebellion.

217 (1). Sera puni comme coupable de la re-

---

(1) Abrogé par la loi d 17 mai 1819.

bellion quiconque y aura provoqué, soit par des discours tenus dans des lieux ou réunions publiques, soit par placards affichés, soit par écrits imprimés.

Dans le cas où la rebellion n'aurait pas eu lieu, le provocateur sera puni d'un emprison-nement de six jours au moins et d'un an au plus.

218. Dans tous les cas où il sera prononcé, pour fait de rebellion, une simple peine d'em-prisonnement, les coupables pourront être con-damnés en outre à une amende de seize francs à deux cents francs.

219. Seront punies comme réunions de re-belles, celles qui auront été formées avec ou sans armes, et accompagnées de violences ou de menaces contre l'autorité administrative, les officiers et les agens de police, ou contre la force publique.

1° Par les ouvriers ou journaliers dans les ateliers publics ou manufactures ;

2° Par les individus admis dans les hospices ;

3° Par les prisonniers prévenus, accusés ou condamnés.

220. La peine appliquée pour rebellion à des prisonniers prévenus, accusés ou condamnés relativement à d'autres crimes ou délits, sera par eux subie, savoir :

Par ceux qui, à raison des crimes ou délits qui ont causé leur détention, sont ou seraient condamnés à une peine non capitale ni perpé-tuelle, immédiatement après l'expiration de cette peine ;

Et par les autres, immédiatement après l'arrêt ou jugement en dernier ressort qui les aura acquittés ou renvoyés absous du fait pour lequel ils étaient détenus.

221. Les chefs d'une rebellion, et ceux qui l'auront provoquée, pourront être condamnés à rester, après l'expiration de leur peine, sous la surveillance spéciale de la haute police pendant cinq ans au moins et dix ans au plus.

§ II.

Outrages et Violences envers les Dépositaires de l'autorité et de la force publique.

222. Lorsqu'un ou plusieurs magistrats de l'ordre administratif ou judiciaire auront reçu, dans l'exercice de leurs fonctions, ou à l'occasion de cet exercice, quelque outrage par paroles tendant à inculper leur honneur ou leur délicatesse, celui qui les aura ainsi outragés sera puni d'un emprisonnement d'un mois à deux ans.

Si l'outrage a eu lieu à l'audience d'une cour ou d'un tribunal, l'emprisonnement sera de deux à cinq ans.

223. L'outrage fait par gestes ou menaces à un magistrat dans l'exercice ou à l'occasion de l'exercice de ses fonctions, sera puni d'un mois à six mois d'emprisonnement; et si l'outrage a eu lieu à l'audience d'une cour ou d'un tribunal, il sera puni d'un emprisonnement d'un mois à deux ans.

224. L'outrage fait par paroles, gestes ou menaces à tout officier ministériel, ou agent dépositaire de la force publique, dans l'exercice

ou à l'occasion de l'exercice de ses fonctions, sera puni d'une amende de seize francs à deux cents francs.

225. La peine sera de six jours à un mois d'emprisonnement, si l'outrage mentionné en l'article précédent a été dirigé contre un commandant de la force publique.

226. Dans le cas des articles 222, 223 et 225, l'offenseur pourra être, outre l'emprisonnement, condamné à faire réparation, soit à la première audience, soit par écrit; et le temps de l'emprisonnement prononcé contre lui ne sera compté qu'à dater du jour où la réparation aura eu lieu.

227. Dans le cas de l'article 224, l'offenseur pourra de même, outre l'amende, être condamné à faire réparation à l'offensé: et s'il retarde ou refuse, il sera contraint par corps.

228 (1). Tout individu qui, même sans armes, et sans qu'il en soit résulté de blessures, aura frappé un magistrat dans l'exercice de ses fonctions, ou à l'occasion de cet exercice, sera puni d'un emprisonnement de deux à cinq ans.

Si cette voie de fait a eu lieu à l'audience d'une cour ou d'un tribunal, le coupable sera en outre puni de la dégradation civique.

229. Dans l'un et l'autre des cas exprimés

---

(1) *Ancien article abrogé par la loi de ce jour :* 228. Tout individu qui, même sans armes, et sans qu'il en soit résulté de blessures, aura frappé un magistrat dans l'exercice de ses fonctions, où à l'occasion de cet exercice, sera puni d'un emprisonnement de deux à cinq ans.
Si cette voie de fait a eu lieu à l'audience d'une cour ou d'un tribunal, le coupable sera puni du carcan.

en l'article précédent, le coupable pourra de plus être condamné à s'éloigner, pendant cinq à dix ans, du lieu où siége le magistrat, et d'un rayon de deux myriamètres.

Cette disposition aura son exécution à dater du jour où le condamné aura subi sa peine.

Si le condamné enfreint cet ordre avant l'expiration du temps fixé, il sera puni du bannissement.

230. Les violences de l'espèce exprimée en l'article 228, dirigées contre un officier ministériel, un agent de la force publique, ou un citoyen chargé d'un ministère de service public, si elles ont eu lieu pendant qu'ils exerçaient leur ministère ou à cette occasion, seront punies d'un emprisonnement d'un mois à six mois.

231 (1). Si les violences exercées contre les fonctionnaires et agens désignés aux articles 228 et 230, ont été la cause d'effusion de sang, blessures ou maladie, la peine sera la reclusion; si la mort s'en est suivie dans les quarante jours, le coupable sera puni des travaux forcés à perpétuité.

232. Dans le cas même où ces violences n'auraient pas causé d'effusion de sang, blessures ou maladie, les coups seront punis de la reclusion, s'ils ont été portés avec préméditation ou de guet-apens.

---

(1) *Ancien article abrogé par la loi de ce jour :* 231. Si les violences exercées contre les fonctionnaires et agens désignés aux articles 228 et 230 ont été la cause d'effusion de sang, blessures ou maladie, la peine sera la reclusion; si la mort s'en est suivie dans les quarante jours, le coupable sera puni de mort.

233 (1). Si les coups ont été portés ou les blessures faites à un des fonctionnaires ou agens désignés aux articles 228 et 230, dans l'exercice ou à l'occasion de l'exercice de leurs fonctions, avec intention de donner la mort, le coupable sera puni de mort.

§ III.
Refus d'un service dû légalement.

234. Tout commandant, tout officier ou sous-officier de la force publique qui, après en avoir été légalement requis par l'autorité civile, aura refusé de faire agir la force à ses ordres, sera puni d'un emprisonnement d'un mois à trois mois, sans préjudice des réparations civiles qui pourraient être dues aux termes de l'article 10 du présent code.

235. Les lois pénales et réglemens relatifs à la conscription militaire continueront de recevoir leur exécution.

236. Les témoins et jurés qui auront allégué une excuse reconnue fausse, seront condamnés, outre les amendes prononcées pour la non-comparution, à un emprisonnement de six jours à deux mois.

§ IV.
Evasion de détenus, Recélement de criminels.

237. Toutes les fois qu'une évasion de détenus aura lieu, les huissiers, les commandans en chef ou en sous-ordre, soit de la gendarmerie,

---

(1) Ancien article abrogé par la loi de ce jour : 233. Si les blessures sont du nombre de celles qui portent le caractère de meurtre, le coupable sera puni de mort.

5

soit de la force armée servant d'escorte ou garnissant les postes, les concierges, gardiens, geoliers, et tous autres préposés à la conduite, au transport ou à la garde des détenus, seront punis ainsi qu'il suit :

238. Si l'évadé était prévenu de délits de police, ou de crimes simplement infamans, ou s'il était prisonnier de guerre, les préposés à sa garde ou conduite seront punis, en cas de négligence, d'un emprisonnement de six jours à deux mois; et en cas de connivence, d'un emprisonnement de six mois à deux ans.

Ceux qui, n'étant pas chargés de la garde ou de la conduite du détenu, auront procuré ou facilité son évasion, seront punis de six jours à trois mois d'emprisonnement.

239. Si les détenus évadés, ou l'un d'eux, étaient prévenus ou accusés d'un crime de nature à entraîner une peine afflictive à temps, ou condamnés pour l'un de ces crimes, la peine sera, contre les préposés à la garde ou conduite, en cas de négligence, un emprisonnement de deux mois à six mois; en cas de connivence, la réclusion.

Les individus non chargés de la garde des détenus, qui auront procuré ou facilité l'évasion, seront punis d'un emprisonnement de trois mois à deux ans.

240. Si les évadés, ou l'un d'eux, sont prévenus ou accusés de crimes de nature à entraîner la peine de mort ou des peines perpétuelles, ou s'ils sont condamnés à l'une de ces peines, leurs conducteurs ou gardiens seront punis d'un an

à deux ans d'emprisonnement, en cas de négligence, et des travaux forcés à temps, en cas de
connivence.

Les individus non chargés de la conduite ou
de la garde qui auront facilité ou procuré l'é-
vasion, seront punis d'un emprisonnement
d'un an au moins et de cinq ans au plus.

241. Si l'évasion a eu lieu ou a été tentée
avec violences ou bris de prison, les peines
contre ceux qui l'auront favorisée en fournis-
sant des instrumens propres à l'opérer, seront,
au cas que l'évadé fût de la qualité exprimée
en l'article 238, trois mois à deux ans d'emprisonnement; au cas de l'article 239, deux à
cinq ans d'emprisonnement; et au cas de l'article 240, la reclusion.

242. Dans tous les cas ci-dessus, lorsque les
tiers qui auront procuré ou facilité l'évasion y
seront parvenus en corrompant les gardiens ou
geoliers, ou de connivence avec eux, ils seront punis des mêmes peines que lesdits gardiens et geoliers.

243. Si l'évasion avec bris ou violence a été
favorisée par transmission d'armes, les gardiens
et conducteurs qui y auront participé seront
punis des travaux forcés à perpétuité; les autres personnes, des travaux forcés à temps.

244. Tous ceux qui auront connivé à l'évasion d'un détenu seront solidairement condamnés, à titre de dommages-intérêts, à tout ce
que la partie civile du détenu aurait eu droit
d'obtenir contre lui.

245. A l'égard des détenus qui se seront éva-

dés ou qui auront tenté de s'évader par bris de prison ou par violence, ils seront, pour ce seul fait, punis de six mois à un an d'emprisonnement, et subiront cette peine immédiatement après l'expiration de celle qu'ils auront encourue pour le crime ou délit à raison duquel ils étaient détenus, ou immédiatement après l'arrêt ou jugement qui les aura acquittés ou renvoyés absous dudit crime ou délit ; le tout sans préjudice de plus fortes peines qu'ils auraient pu encourir pour d'autres crimes qu'ils auraient commis dans leurs violences.

246. Quiconque sera condamné, pour avoir favorisé une évasion ou des tentatives d'évasion, à un emprisonnement de plus de six mois, pourra, en outre, être mis sous la surveillance spéciale de la haute police, pour un intervalle de cinq à dix ans.

247. Les peines d'emprisonnement ci-dessus établies contre les conducteurs ou les gardiens, en cas de négligence seulement, cesseront lorsque les évadés seront repris ou représentés, pourvu que ce soit dans les quatre mois de l'évasion, et qu'ils ne soient pas arrêtés pour d'autres crimes ou délits commis postérieurement.

248. Ceux qui auront recélé ou fait recéler des personnes qu'ils savaient avoir commis des crimes emportant peine afflictive, seront punis de trois mois d'emprisonnement au moins et de deux ans au plus.

Sont exceptés de la présente disposition les ascendans ou descendans, époux ou épouse même divorcés, frères ou sœurs des criminels recélés, ou leurs alliés aux mêmes degrés.

§ V.

Bris de scellés et Enlèvement de pièces dans les Dépots publics.

249. Lorsque des scellés apposés, soit par ordre du Gouvernement, soit par suite d'une ordonnance de justice rendue en quelque matière que ce soit, auront été brisés, les gardiens seront punis, pour simple négligence, de six jours à six mois d'emprisonnement.

250. Si le bris des scellés s'applique à des papiers et effets d'un individu prévenu ou accusé d'un crime emportant la peine de mort, des travaux forcés à perpétuité, ou de la déportation, ou qui soit condamné à l'une de ces peines, le gardien négligent sera puni de six mois à deux ans d'emprisonnement.

251. Quiconque aura, à dessein, brisé des scellés apposés sur des papiers ou effets de la qualité énoncée en l'article précédent, ou participé au bris des scellés, sera puni de la reclusion; et si c'est le gardien lui-même, il sera puni des travaux forcés à temps.

252. A l'égard de tous autres bris de scellés, les coupables seront punis de six mois à deux ans d'emprisonnement; et si c'est le gardien lui-même, il sera puni de deux à cinq ans de la même peine.

253. Tout vol commis à l'aide d'un bris de scellés, sera puni comme vol commis à l'aide d'effraction.

254. Quant aux soustractions, destructions et enlèvemens de pièces ou de procédures criminelles, ou d'autres papiers, registres, actes et effets, contenus dans des archives, greffes ou

dépôts publics, ou remis à un dépositaire public en cette qualité, les peines seront, contre les greffiers, archivistes, notaires ou autres dépositaires négligens, de trois mois à un an d'emprisonnement, et d'une amende de cent francs à trois cents francs.

255. Quiconque se sera rendu coupable des soustractions, enlèvemens ou destructions mentionnés en l'article précédent, sera puni de la reclusion.

Si le crime est l'ouvrage du dépositaire lui-même, il sera puni des travaux forcés à temps.

256. Si le bris de scellés, les soustractions, enlèvemens ou destructions de pièces ont été commis avec violences envers les personnes, la peine sera, contre toute personne, celle des travaux forcés à temps, sans préjudice de peines plus fortes, s'il y a lieu, d'après la nature des violences et des autres crimes qui y seraient joints.

§ VI.
Dégradation de monumens.

257. Quiconque aura détruit, abattu, mutilé ou dégradé des monumens, statues et autres objets destinés à l'utilité ou à la décoration publique, et élevés par l'autorité publique ou avec son autorisation, sera puni d'un emprisonnement d'un mois à deux ans, et d'une amende de cent francs à cinq cents francs.

§ VII.
Usurpation de titres ou fonctions.

258. Quiconque, sans titre, se sera immiscé

dans des fonctions publiques, civiles ou militaires, ou aura fait les actes d'une de ces fonctions, sera puni d'un emprisonnement de deux à cinq ans, sans préjudice de la peine de faux, si l'acte porte le caractère de ce crime.

259 (1). Toute personne qui aura publiquement porté un costume, un uniforme ou une décoration qui ne lui appartiendra pas, sera punie d'un emprisonnement de six mois à deux ans.

§ VIII.
Entraves au libre exercice des cultes.

260. Tout particulier qui, par des voies de fait ou des menaces, aura contraint ou empêché une ou plusieurs personnes d'exercer l'un des cultes autorisés, d'assister à l'exercice de ce culte, de célébrer certaines fêtes, d'observer certains jours de repos ; et, en conséquence d'ouvrir ou de fermer leurs ateliers, boutiques ou magasins, et de faire ou quitter certains travaux, sera puni, pour ce seul fait, d'une amende de seize francs à deux cents francs, et d'un emprisonnement de six jours à deux mois.

261. Ceux qui auront empêché, retardé ou interrompu les exercices d'un culte par des troubles ou désordres causés dans le temple ou autre lieu destiné ou servant actuellement à ces exercices, seront punis d'une amende de seize francs à trois cents francs, et d'un emprisonnement de six jours à trois mois.

---

(1) *Ancien article abrogé par la loi de ce jour :* 259. Toute personne qui aura publiquement porté un costume, un uniforme ou une décoration qui ne lui appartenait pas, ou qui se sera attribué des titres royaux qui ne lui auraient pas été légalement conférés, sera punie d'un emprisonnement de six mois à deux ans.

262. Toute personne qui aura, par paroles ou gestes, outragé les objets d'un culte dans les lieux destinés ou servant actuellement à son exercice, ou les ministres de ce culte dans leurs fonctions, sera punie d'une amende de seize francs à cinq cents francs, et d'un emprisonnement de quinze jours à six mois.

263 (1). Quiconque aura frappé le ministre d'un culte dans ses fonctions, sera puni de la dégradation civique.

264. Les dispositions du présent paragraphe ne s'appliquent qu'aux troubles, outrages ou voies de fait dont la nature ou les circonstances ne donneront pas lieu à de plus fortes peines, d'après les autres dispositions du présent code.

SECTION V.

Associations de malfaiteurs, Vagabondage et Mendicité.

§ Ier.

Associations de malfaiteurs.

265. Toute association de malfaiteurs envers les personnes ou les propriétés, est un crime contre la paix publique.

266. Ce crime existe par le seul fait d'organisation de bandes ou de correspondance entre elles et leurs chefs ou commandans, ou de conventions tendant à rendre compte ou à faire distribution ou partage du produit des méfaits.

267. Quand ce crime n'aurait été accompa-

---

(1) Ancien article abrogé par la loi de ce jour : 263. Quiconque aura frappé le ministre d'un culte dans ses fonctions sera puni du carcan.

gné ni suivi d'aucun autre, les auteurs, directeurs de l'association, et les commandans en chef ou en sous-ordre de ces bandes, seront punis des travaux forcés à temps.

268. Seront punis de la reclusion tous autres individus chargés d'un service quelconque dans ces bandes, et ceux qui auront sciemment et volontairement fourni aux bandes ou à leurs divisions, des armes, munitions, instrumens de crime, logement, retraite ou lieu de réunion.

§ II.

Vagabondage.

269. Le vagabondage est un délit.

270. Les vagabonds ou gens sans aveu sont ceux qui n'ont ni domicile certain, ni moyens de subsistance, et qui n'exercent habituellement ni métier, ni profession.

271 (1). Les vagabonds ou gens sans aveu qui auront été légalement déclarés tels, seront pour ce seul fait, punis de trois à six mois d'emprisonnement. Ils seront renvoyés, après avoir subi leur peine, sous la surveillance de la haute police pendant cinq ans au moins et dix ans au plus.

Néanmoins les vagabonds âgés de moins de seize ans ne pourront être condamnés à la peine d'emprisonnement; mais sur la preuve des faits de vagabondage, ils seront renvoyés sous la

_____

(1) *Ancien article abrogé par la loi de ce jour* : 271. Les vagabonds ou gens sans aveu qui auront été légalement déclarés tels, seront, pour ce seul fait, punis de trois à six mois d'emprisonnement, et demeureront, après avoir subi leur peine, à la disposition du Gouvernement pendant le temps qu'il déterminera, eu égard à leur conduite.

surveillance de la haute police jusqu'à l'âge de vingt ans accomplis, à moins qu'avant cet âge ils n'aient contracté un engagement régulier dans les armées de terre ou de mer.

272. Les individus déclarés vagabonds par jugement pourront, s'ils sont étrangers, être conduits, par les ordres du Gouvernement, hors du territoire du royaume.

273. Les vagabonds nés en France pourront, après un jugement même passé en force de chose jugée, être réclamés par délibération du conseil municipal de la commune où ils sont nés, ou cautionnés par un citoyen solvable.

Si le Gouvernement accueille la réclamation ou agrée la caution, les individus ainsi réclamés ou cautionnés seront, par ses ordres, renvoyés ou conduits dans la commune qui les aura réclamés, ou dans celle qui leur sera assignée pour résidence, sur la demande de la caution.

§ III.

Mendicité.

274. Toute personne qui aura été trouvée mendiant dans un lieu pour lequel il existera un établissement public organisé afin d'obvier à la mendicité, sera punie de trois à six mois d'emprisonnement, et sera, après l'expiration de sa peine, conduite au dépôt de mendicité.

275. Dans les lieux où il n'existe point encore de tels établissemens, les mendians d'habitude valides seront punis d'un mois à trois mois d'emprisonnement.

S'ils ont été arrêtés hors du canton de leur

résidence, ils seront punis d'un emprisonnement de six mois à deux ans.

276. Tous mendians, même invalides, qui
auront usé de menaces, ou seront entrés, sans
permission du propriétaire ou des personnes de
sa maison, soit dans une habitation, soit dans
un enclos en dépendant,

Ou qui feindront des plaies ou infirmités,

Ou qui mendiront en réunion, à moins que
ce ne soient le mari et la femme, le père ou la
mère et leurs jeunes enfans, l'aveugle et son
conducteur,

Seront punis d'un emprisonnement de six
mois à deux ans.

DISPOSITIONS COMMUNES AUX VAGABONDS ET MENDIANS.

277. Tout mendiant ou vagabond qui aura
été saisi travesti d'une manière quelconque,

Ou porteur d'armes, bien qu'il n'en ait usé
ni menacé,

Ou muni de limes, crochets ou autres instrumens propres soit à commettre des vols ou
d'autres délits, soit à lui procurer les moyens
de pénétrer dans les maisons,

Sera puni de deux à cinq ans d'emprisonnement.

278. Tout mendiant ou vagabond qui sera
trouvé porteur d'un ou de plusieurs effets
d'une valeur supérieure à cent francs, et qui
ne justifiera point d'où ils lui proviennent, sera
puni de la peine portée en l'article 276.

279. Tout mendiant ou vagabond qui aura
exercé quelque acte de violence que ce soit en-

vers les personnes, sera puni de la reclusion, sans préjudice des peines plus fortes, s'il y a lieu, à raison du genre et des circonstances de la violence.

280 (1). *Abrogé.*

281. Les peines établies par le présent code contre les individus porteurs de faux certificats, faux passe-ports ou fausses feuilles de route, seront toujours, dans leur espèce, portées au *maximum*, quand elles seront appliquées à des vagabonds ou mendians.

282 (2). Les mendians qui auront été condamnés aux peines portées par les articles précédens, seront renvoyés, après l'expiration de leur peine, sous la surveillance de la haute police pour cinq ans au moins et dix ans au plus.

SECTION VI.

Délits commis par la voie d'Écrits, Images ou Gravures distribués sans noms d'Auteur, Imprimeur ou Graveur.

283. Toute publication ou distribution d'ouvrages, écrits, avis, bulletins, affiches, journaux, feuilles périodiques ou autres imprimés, dans lesquels ne se trouvera pas l'indication vraie des noms, profession et demeure de l'auteur ou de l'imprimeur, sera, pour ce seul fait,

---

(1) *Ancien article abrogé par la loi de ce jour :* 280. Tout vagabond ou mendiant qui aura commis un crime emportant la peine des travaux forcés à temps, sera en outre marqué.

(2) *Ancien article abrogé par la loi de ce jour :* 282. Les vagabonds ou mendians qui auront subi les peines portées par les articles précédens, demeureront, à la fin de ces peines, à la disposition du Gouvernement.

punie d'un emprisonnement de six jours à six mois, contre toute personne qui aura sciemment contribué à la publication ou distribution.

284. Cette disposition sera réduite à des peines de simple police,

1° A l'égard des crieurs, afficheurs, vendeurs ou distributeurs qui auront fait connaître la personne de laquelle ils tiennent l'écrit imprimé;

2° A l'égard de quiconque aura fait connaître l'imprimeur;

3° A l'égard même de l'imprimeur qui aura fait connaître l'auteur.

285. Si l'écrit imprimé contient quelques provocations à des crimes ou délits, les crieurs, afficheurs, vendeurs et distributeurs seront punis comme complices des provocateurs, à moins qu'ils n'aient fait connaître ceux dont ils tiennent l'écrit contenant la provocation.

En cas de révélation, ils n'encourront qu'un emprisonnement de six jours à trois mois, et la peine de complicité ne restera applicable qu'à ceux qui n'auront point fait connaître les personnes dont ils auront reçu l'écrit imprimé, et à l'imprimeur, s'il est connu.

286. Dans tous les cas ci-dessus, il y aura confiscation des exemplaires saisis.

287. Toute exposition ou distribution de chansons, pamphlets, figures ou images contraires aux bonnes mœurs, sera punie d'une amende de seize francs à cinq cents francs, d'un emprisonnement d'un mois à un an, et de la confiscation des planches et des exemplaires

imprimés ou gravés de chansons, figures ou autres objets du délit.

288. La peine d'emprisonnement et l'amende prononcées par l'article précédent, seront réduites à des peines de simple police,

1° A l'égard des crieurs, vendeurs ou distributeurs qui auront fait connaître la personne qui leur a remis l'objet du délit;

2° A l'égard de quiconque aura fait connaître l'imprimeur ou le graveur;

3° A l'égard même de l'imprimeur ou du graveur qui auront fait connaître l'auteur ou la personne qui les aura chargés de l'impression ou de la gravure.

289. Dans tous les cas exprimés en la présente section, et où l'auteur sera connu, il subira le *maximum* de la peine attachée à l'espèce du délit.

DISPOSITION PARTICULIÈRE.

290 (1). Tout individu qui, sans y avoir été autorisé par la police, fera le métier de crieur ou afficheur d'écrits imprimés, dessins ou gravures, même munis des noms d'auteur, imprimeur, dessinateur ou graveur, sera puni d'un emprisonnement de six jours à deux mois.

SECTION VII.

Des Associations ou Réunions illicites.

291. Nulle association de plus de vingt personnes, dont le but sera de se réunir tous les

---

(1) Cet article a été abrogé par la loi du 10 décembre 1830 sur les afficheurs et les crieurs publics.

jours ou à certains jours marqués pour s'occuper d'objets religieux, littéraires, politiques ou
autres, ne pourra se former qu'avec l'agrément
du Gouvernement, et sous les conditions qu'il
plaira à l'autorité publique d'imposer à la so-
ciété.

Dans le nombre de personnes indiqué par le
présent article, ne sont pas comprises celles
domiciliées dans la maison où l'association se
réunit.

292. Toute association de la nature ci-dessus
exprimée qui se sera formée sans autorisation,
ou qui, après l'avoir obtenue, aura enfreint les
conditions à elle imposées, sera dissoute.

Les chefs, directeurs ou administrateurs de
l'association seront en outre punis d'une amende
de seize francs à deux cents francs.

293. Si, par discours, exhortations, invo-
cations ou prières, en quelque langue que ce
soit, ou par lecture, affiche, publication ou
distribution d'écrits quelconques, il a été fait,
dans ces assemblées, quelque provocation à des
crimes ou à des délits, la peine sera de cent
francs à trois cents francs d'amende, et de trois
mois à deux ans d'emprisonnement, contre les
chefs, directeurs et administrateurs de ces as-
sociations, sans préjudice des peines plus fortes
qui seraient portées par la loi contre les individus personnellement coupables de la provocation, lesquels, en aucun cas, ne pourront
être punis d'une peine moindre que celle infligée aux chefs, directeurs et administrateurs
de l'association.

294. Tout individu qui, sans la permission de l'autorité municipale, aura accordé ou consenti l'usage de sa maison ou de son appartement, en tout ou en partie, pour la réunion des membres d'une association même autorisée, ou pour l'exercice d'un culte, sera puni d'une amende de seize francs à deux cents francs.

TITRE II.

CRIMES ET DÉLITS CONTRE LES PARTICULIERS.

CHAPITRE 1er.

CRIMES ET DÉLITS CONTRE LES PERSONNES.

(Loi décrétée le 17 février 1810. Promulguée le 27 du même mois.)

SECTION 1re.

Meurtre et autres Crimes capitaux, Menaces d'attentat contre les personnes.

§ 1er.

Meurtre, Assassinat, Parricide, Infanticide, Empoisonnement.

295. L'homicide commis volontairement est qualifié meurtre.

296. Tout meurtre commis avec préméditation ou de guet-apens, est qualifié assassinat.

297. La préméditation consiste dans le dessein formé, avant l'action, d'attenter à la personne d'un individu déterminé, ou même de celui qui sera trouvé ou rencontré, quand même ce dessein serait dépendant de quelque circonstance ou de quelque condition.

298. Le guet-apens consiste à attendre plus ou moins de temps, dans un ou divers lieux, un individu, soit pour lui donner la mort,

soit pour exercer sur lui des actes de violence.

299. Est qualifié parricide le meurtre des pères ou mères légitimes, naturels ou adoptifs, ou de tout autre ascendant légitime.

300. Est qualifié infanticide le meurtre d'un enfant nouveau-né.

301. Est qualifié empoisonnement tout attentat à la vie d'une personne, par l'effet de substances qui peuvent donner la mort plus ou moins promptement, de quelque manière que ces substances aient été employées ou administrées, et quelles qu'en aient été les suites.

302. Tout coupable d'assassinat, de parricide, d'infanticide et d'empoisonnement, sera puni de mort, sans préjudice de la disposition particulière contenue en l'article 13, relativement au parricide.

303. Seront punis comme coupables d'assassinat, tous malfaiteurs, quelle que soit leur dénomination, qui, pour l'exécution de leurs crimes, emploient des tortures ou commettent des actes de barbarie.

304 (1). Le meurtre emportera la peine de mort, lorsqu'il aura précédé, accompagné ou suivi un autre crime.

Le meurtre emportera également la peine de mort, lorsqu'il aura eu pour objet, soit de préparer, faciliter ou exécuter un délit, soit de favoriser la fuite ou d'assurer l'impunité des auteurs ou complices de ce délit.

---

(1) *Ancien article abrogé par la loi de ce jour :* 304. Le meurtre emportera la peine de mort, lorsqu'il aura précédé, accompagné ou suivi un autre crime ou délit.

En tout autre cas, le coupable de meurtre sera puni de la peine des travaux forcés à perpétuité.

En tout autre cas, le coupable de meurtre sera puni des travaux forcés à perpétuité.

§ II.
Menaces.

305. Quiconque aura menacé, par écrit anonyme ou signé, d'assassinat, d'empoisonnement, ou de tout autre attentat contre les personnes qui serait punissable de la peine de mort, des travaux forcés à perpétuité, ou de la déportation, sera puni de la peine des travaux forcés à temps, dans le cas où la menace aurait été faite avec ordre de déposer une somme d'argent dans un lieu indiqué, ou de remplir toute autre condition.

306. Si cette menace n'a été accompagnée d'aucun ordre ou condition, la peine sera d'un emprisonnement de deux ans au moins et de cinq ans au plus, et d'une amende de cent francs à six cents francs.

307. Si la menace faite avec ordre ou sous condition a été verbale, le coupable sera puni d'un emprisonnement de six mois à deux ans, et d'une amende de vingt-cinq francs à trois cents francs.

308. Dans les cas prévus par les deux précédens articles, le coupable pourra de plus être mis, par l'arrêt ou le jugement, sous la surveillance de la haute police, pour cinq ans au moins et dix ans au plus.

SECTION II.

Blessures et Coups volontaires non qualifiés Meurtre, et autres Crimes et Délits volontaires.

309 (1). Sera puni de la réclusion, tout individu qui, volontairement, aura fait des blessures ou porté des coups, s'il est résulté de ces sortes de violences une maladie ou incapacité de travail personnel pendant plus de vingt jours.

Si les coups portés ou les blessures faites volontairement, mais sans intention de donner la mort, l'ont pourtant occasionnée, le coupable sera puni de la peine des travaux forcés à temps.

310 (2). Lorsqu'il y aura eu préméditation ou guet-apens, la peine sera, si la mort s'en est suivie, celle des travaux forcés à perpétuité, et si la mort ne s'en est pas suivie, celle des travaux forcés à temps.

311 (3). Lorsque les blessures ou les coups n'auront occasionné aucune maladie ou incapacité de travail personnel de l'espèce mentionnée en l'article 309, le coupable sera puni d'un emprisonnement de six jours à deux ans, et d'une amende de seize francs à deux cents

---

(1) *Ancien article abrogé par la loi de ce jour :* 309. Sera puni de la peine de la réclusion, tout individu qui aura fait des blessures ou porté des coups, s'il est résulté de ces actes de violence une maladie ou incapacité de travail personnel pendant plus de vingt jours.

(2) *Ancien article abrogé par la loi de ce jour :* 310. Si le crime mentionné au précédent article a été commis avec préméditation ou guet-apens, la peine sera celle des travaux forcés à temps.

(3) *Ancien article abrogé par la loi de ce jour :* 311. Lorsque les blessures ou les coups n'auront occasionné aucune maladie ni incapacité de travail personnel de l'espèce mentionnée en l'article 309, le coupable sera puni d'un emprisonnement d'un mois à deux ans, et d'une amende de seize francs à deux cents francs.

S'il y a eu préméditation ou guet-apens, l'emprisonnement sera de deux ans à cinq ans, et l'amende de cinquante francs à cinq cents francs.

francs, ou de l'une de ces deux peines seulement.

S'il y a eu préméditation ou guet-apens, l'emprisonnement sera de deux ans à cinq ans, et l'amende de cinquante francs à cinq cents francs.

312. Dans les cas prévus par les articles 309, 310 et 311, si le coupable a commis le crime envers ses père ou mère légitimes, naturels ou adoptifs, ou autres ascendans légitimes, il sera puni ainsi qu'il suit :

Si l'article auquel le cas se référera prononce l'emprisonnement et l'amende, le coupable subira la peine de la reclusion;

Si l'article prononce la peine de la reclusion, il subira celle des travaux forcés à temps;

Si l'article prononce la peine des travaux forcés à temps, il subira celle des travaux forcés à perpétuité.

313. Les crimes et les délits prévus dans la présente section et dans la section précédente, s'ils sont commis en réunion séditieuse, avec rebellion ou pillage, sont imputables aux chefs, auteurs, instigateurs et provocateurs de ces réunions, rebellions ou pillages, qui seront punis comme coupables de ces crimes ou de ces délits, et condamnés aux mêmes peines que ceux qui les auront personnellement commis.

314. Tout individu qui aura fabriqué ou débité des stilets, tromblons ou quelque espèce que ce soit d'armes prohibées par la loi ou par des réglemens d'administration publique, sera puni d'un emprisonnement de six jours à six mois.

Celui qui sera porteur desdites armes, sera

puni d'une amende de seize francs à deux cents francs.

Dans l'un et l'autre cas, les armes seront confisquées.

Le tout sans préjudice de plus forte peine, s'il y échet, en cas de complicité de crime.

315. Outre les peines correctionnelles mentionnées dans les articles précédens, les tribunaux pourront prononcer le renvoi sous la surveillance de la haute police depuis deux ans jusqu'à dix ans.

316. Toute personne coupable du crime de castration, subira la peine des travaux forcés à perpétuité.

Si la mort en est résultée avant l'expiration des quarante jours qui auront suivi le crime, le coupable subira la peine de mort.

317 (1). Quiconque, par alimens, breuvages, médicamens, violences, ou par tout autre moyen, aura procuré l'avortement d'une femme enceinte, soit qu'elle y ait consenti ou non, sera puni de la reclusion.

La même peine sera prononcée contre la femme qui se sera procuré l'avortement à elle-même, ou qui aura consenti à faire usage des

---

(1) *Ancien article abrogé par la loi de ce jour :* 317. Quiconque, par alimens, breuvages, médicamens, violences, ou par tout autre moyen, aura procuré l'avortement d'une femme enceinte, soit qu'elle y ait consenti ou non, sera puni de la reclusion.

La même peine sera prononcée contre la femme qui se sera procuré l'avortement à elle-même, ou qui aura consenti à faire usage des moyens à elle indiqués ou administrés à cet effet, si l'avortement s'en est suivi.

Les médecins, chirurgiens et autres officiers de santé, ainsi que les pharmaciens qui auront indiqué ou administré ces moyens, seront condamnés à la peine des travaux forcés à temps, dans le cas où l'avortement aurait eu lieu.

moyens à elle indiqués ou administrés à cet effet, si l'avortement s'en est suivi.

Les médecins, chirurgiens et autres officiers de santé, ainsi que les pharmaciens qui auront indiqué ou administré ces moyens, seront condamnés à la peine des travaux forcés à temps, dans le cas où l'avortement aurait eu lieu.

Celui qui aura occasionné à autrui une maladie ou incapacité de travail personnel, en lui administrant volontairement, de quelque manière que ce soit, des substances qui, sans être de nature à donner la mort, sont nuisibles à la santé, sera puni d'un emprisonnement d'un mois à cinq ans, et d'une amende de seize fr. à cinq cents fr.; il pourra de plus être renvoyé sous la surveillance de la haute police pendant deux ans au moins et dix ans au plus.

Si la maladie ou incapacité de travail personnel a duré plus de vingt jours, la peine sera celle de la reclusion.

Si le coupable a commis, soit le délit, soit le crime, spécifiés aux deux paragraphes ci-dessus, envers un de ses ascendans, tels qu'ils sont désignés en l'article 312, il sera puni, au premier cas, de la reclusion, et au second cas, des travaux forcés à temps.

318. Quiconque aura vendu ou débité des boissons falsifiées, contenant des mixtions nuisibles à la santé, sera puni d'un emprisonnement de six jours à deux ans, et d'une amende de seize francs à cinq cents francs.

Seront saisies et confisquées les boissons falsifiées trouvées appartenir au vendeur ou débitant.

SECTION III.

*Homicide, Blessures et Coups involontaires ; Crimes
et Délits excusables, et Cas où ils ne peuvent
être excusés ; Homicide, Blessures et Coups qui
ne sont ni crimes ni délits.*

§ Ier.

Homicides, Blessures et Coups involontaires.

319. Quiconque, par maladresse, imprudence, inattention, négligence ou inobservation
des réglemens, aura commis involontairement
un homicide, ou en aura involontairement été
la cause, sera puni d'un emprisonnement de
trois mois à deux ans, et d'une amende de cinquante francs à six cents francs.

320. S'il n'est résulté du défaut d'adresse ou
de précaution que des blessures ou coups, l'emprisonnement sera de six jours à deux mois,
et l'amende sera de seize francs à cent francs.

§ II.

Crimes et Délits excusables, et Cas où ils ne peuvent être excusés.

321. Le meurtre ainsi que les blessures et les
coups sont excusables, s'ils ont été provoqués
par des coups ou violences graves envers les
personnes.

322. Les crimes et délits mentionnés au précédent article sont également excusables, s'ils
ont été commis en repoussant pendant le jour
l'escalade ou l'effraction des clôtures, murs
ou entrée d'une maison ou d'un appartement
habité ou de leurs dépendances.

Si le fait est arrivé pendant la nuit, ce cas
est réglé par l'article 329.

3a3. Le parricide n'est jamais excusable.

3a4. Le meurtre commis par l'époux sur l'épouse, ou par celle-ci sur son époux, n'est pas excusable, si la vie de l'époux ou de l'épouse qui a commis le meurtre n'a pas été mise en péril dans le moment même où le meurtre a eu lieu.

Néanmoins, dans le cas d'adultère, prévu par l'article 336, le meurtre commis par l'époux sur son épouse, ainsi que sur le complice, à l'instant où il les surprend en flagrant délit dans la maison conjugale, est excusable.

3a5. Le crime de castration, s'il a été immédiatement provoqué par un outrage violent à la pudeur, sera considéré comme meurtre ou blessures excusables.

3a6. Lorsque le fait d'excuse sera prouvé,

S'il s'agit d'un crime emportant la peine de mort, ou celle des travaux forcés à perpétuité, ou celle de la déportation, la peine sera réduite à un emprisonnement d'un an à cinq ans ;

S'il s'agit de tout autre crime, elle sera réduite à un emprisonnement de six mois à deux ans ;

Dans ces deux premiers cas, les coupables pourront de plus être mis par l'arrêt ou le jugement sous la surveillance de la haute police pendant cinq ans au moins et dix ans au plus.

S'il s'agit d'un délit, la peine sera réduite à un emprisonnement de six jours à six mois.

§ III.

Homicide, Blessures et Coups non qualifiés crimes ni délits.

3a7. Il n'y a ni crime ni délit, lorsque l'homicide, les blessures et les coups étaient ordonnés par la loi et commandés par l'autorité légitime.

328. Il n'y a ni crime ni délit, lorsque l'homicide, les blessures et les coups étaient commandés par la nécessité actuelle de la légitime défense de soi-même ou d'autrui.

329. Sont compris dans les cas de nécessité actuelle de défense, les deux cas suivans :

1° Si l'homicide a été commis, si les blessures ont été faites, ou si les coups ont été portés en repoussant pendant la nuit l'escalade ou l'effraction des clôtures, murs ou entrée d'une maison ou d'un appartement habité ou de leurs dépendances ;

2° Si le fait a eu lieu en se défendant contre les auteurs de vols ou de pillages exécutés avec violence.

SECTION IV.

Attentats aux Mœurs.

330. Toute personne qui aura commis un outrage public à la pudeur, sera punie d'un emprisonnement de trois mois à un an, et d'une amende de seize francs à deux cents francs.

331 (1). Tout attentat à la pudeur, consommé ou tenté sans violence sur la personne d'un enfant de l'un ou de l'autre sexe âgé de moins de onze ans, sera puni de la réclusion.

332 (2). Quiconque aura commis le crime

---

(1) *Ancien article abrogé par la loi de ce jour :* 331. Quiconque aura commis le crime de viol, ou sera coupable de tout autre attentat à la pudeur, consommé ou tenté avec violence contre des individus de l'un ou de l'autre sexe, sera puni de la réclusion.

(2) *Ancien article abrogé par la loi de ce jour :* 332. Si le crime a été com...

de viol sera puni des travaux forcés à temps.

Si le crime a été commis sur la personne d'un enfant au-dessous de l'âge de quinze ans accomplis, le coupable subira le *maximum* de la peine des travaux forcés à temps.

Quiconque aura commis un attentat à la pudeur, consommé ou tenté avec violence contre des individus de l'un ou de l'autre sexe, sera puni de la reclusion.

Si le crime a été commis sur la personne d'un enfant au-dessous de l'âge de quinze ans accomplis, le coupable subira la peine des travaux forcés à temps.

333 (1). Si les coupables sont les ascendans de la personne sur laquelle a été commis l'attentat, s'ils sont de la classe de ceux qui ont autorité sur elle, s'ils sont ses instituteurs ou ses serviteurs à gages, ou serviteurs à gages des personnes ci-dessus désignées, s'ils sont fonctionnaires ou ministres d'un culte, ou si le coupable, quel qu'il soit, a été aidé dans son crime par une ou plusieurs personnes, la peine sera celle des travaux forcés à temps, dans le cas prévu par l'article 331, et des travaux forcés à perpétuité, dans les cas prévus par l'article précédent.

334. Quiconque aura attenté aux mœurs, en

mis sur la personne d'un enfant au-dessous de l'âge de quinze ans accomplis, le coupable subira la peine des travaux forcés à temps.

(1) *Ancien article abrogé par la loi de ce jour :* 333. La peine sera celle des travaux forcés à perpétuité, si les coupables sont de la classe de ceux qui ont autorité sur la personne envers laquelle il ont commis l'attentat, s'ils sont ses instituteurs ou ses serviteurs à gages, ou s'ils sont fonctionnaires publics, ou ministres d'un culte, ou si le coupable, quel qu'il soit, a été aidé dans son crime par une ou plusieurs personnes.

excitant, favorisant ou facilitant habituellement la débauche ou la corruption de la jeunesse de l'un ou de l'autre sexe au-dessous de l'âge de vingt-un ans, sera puni d'un emprisonnement de six mois à deux ans, et d'une amende de cinquante francs à cinq cents francs.

Si la prostitution ou la corruption a été excitée, favorisée ou facilitée par leurs pères, mères, tuteurs ou autres personnes chargées de leur surveillance, la peine sera de deux ans à cinq ans d'emprisonnement, et de trois cents francs à mille francs d'amende.

335. Les coupables du délit mentionné au précédent article seront interdits de toute tutelle et curatelle, et de toute participation aux conseils de famille; savoir, les individus auxquels s'applique le premier paragraphe de cet article, pendant deux ans au moins et cinq ans au plus, et ceux dont il est parlé au second paragraphe, pendant dix ans au moins et vingt ans au plus.

Si le délit a été commis par le père ou la mère, le coupable sera de plus privé des droits et avantages à lui accordés sur la personne et les biens de l'enfant par le Code civil, livre Ier, titre IX, *de la Puissance paternelle.*

Dans tous les cas, les coupables pourront de plus être mis, par l'arrêt ou le jugement, sous la surveillance de la haute police, en observant, pour la durée de la surveillance, ce qui vient d'être établi pour la durée de l'interdiction mentionnée au présent article.

336. L'adultère de la femme ne pourra être

dénoncé que par le mari ; cette faculté même cessera s'il est dans le cas prévu par l'article 339.

337. La femme convaincue d'adultère subira la peine de l'emprisonnement pendant trois mois au moins et deux ans au plus.

Le mari restera le maître d'arrêter l'effet de cette condamnation, en consentant à reprendre sa femme.

338. Le complice de la femme adultère sera puni de l'emprisonnement pendant le même espace de temps, et, en outre, d'une amende de cent francs à deux mille francs.

Les seules preuves qui pourront être admises contre le prévenu de complicité, seront, outre le flagrant délit, celles résultant de lettres ou autres pièces écrites par le prévenu.

339. Le mari qui aura entretenu une concubine dans la maison conjugale, et qui aura été convaincu sur la plainte de la femme, sera puni d'une amende de cent francs à deux mille francs.

340. Quiconque étant engagé dans les liens du mariage en aura contracté un autre avant la dissolution du précédent, sera puni de la peine des travaux forcés à temps.

L'officier public qui aura prêté son ministère à ce mariage, connaissant l'existence du précédent, sera condamné à la même peine.

SECTION V.

Arrestations illégales et Séquestrations de personnes.

341. Seront punis de la peine des travaux

forcés à temps, ceux qui, sans ordre des autorités constituées et hors les cas où la loi ordonne de saisir des prévenus, auront arrêté, détenu ou séquestré des personnes quelconques.

Quiconque aura prêté un lieu pour exécuter la détention ou séquestration, subira la même peine.

342. Si la détention ou séquestration a duré plus d'un mois, la peine sera celle des travaux forcés à perpétuité.

343. La peine sera réduite à l'emprisonnement de deux ans à cinq ans, si les coupables des délits mentionnés en l'article 341, non encore poursuivis de fait, ont rendu la liberté à la personne arrêtée, séquestrée ou détenue, avant le dixième jour accompli depuis celui de l'arrestation, détention ou séquestration. Ils pourront néanmoins être renvoyés sous la surveillance de la haute police, depuis cinq ans jusqu'à dix ans.

344 (1). Dans chacun des deux cas suivans:

1° Si l'arrestation a été exécutée avec le faux costume, sous un faux nom, ou sur un faux ordre de l'autorité publique;

2° Si l'individu arrêté, détenu ou séquestré, a été menacé de la mort,

Les coupables seront punis des travaux forcés à perpétuité.

---

(1) *Ancien article abrogé par la loi de ce jour :* 344. Dans chacun des trois cas suivans :
1° Si l'arrestations a été exécutée avec le faux costume, sous un faux nom, ou sur un faux ordre de l'autorité publique :
2° Si l'individu arrêté, détenu ou séquestré, a été menacé de la mort;
3° S'il a été soumis à des tortures corporelles,
Les coupables seront punis de mort.

Mais la peine sera celle de la mort, si les personnes arrêtées, détenues ou séquestrées, ont été soumises à des tortures corporelles.

SECTION VI.

Crimes et Délits tendant à empêcher ou détruire la preuve de l'état civil d'un enfant, ou à compromettre son existence ; Enlèvement de Mineurs ; Infraction aux lois sur les Inhumations.

§ Ier.

Crimes et Délits envers l'Enfant.

345. Les coupables d'enlèvement, de recélé ou de suppression d'un enfant, de substitution d'un enfant à un autre, ou de supposition d'un enfant à une femme qui ne sera pas accouchée, seront punis de la reclusion.

La même peine aura lieu contre ceux qui, étant chargés d'un enfant, ne le représenteront point aux personnes qui ont droit de le réclamer.

346. Toute personne qui, ayant assisté à un accouchement, n'aura pas fait la déclaration à elle prescrite par l'article 56 du Code civil, et dans les délais fixés par l'art. 55 du même code, sera punie d'un emprisonnement de six jours à six mois, et d'une amende de seize francs à trois cents francs.

347. Toute personne qui, ayant trouvé un enfant nouveau-né, ne l'aura pas remis à l'officier de l'état civil, ainsi qu'il est prescrit par l'article 58 du Code civil, sera punie des peines portées au précédent article.

La présente disposition n'est point applicable

à celui qui aurait consenti à se charger de l'enfant, et qui aurait fait sa déclaration à cet égard devant la municipalité du lieu où l'enfant a été trouvé.

348. Ceux qui auront porté à un hospice un enfant au-dessous de l'âge de sept ans accomplis, qui leur aurait été confié afin qu'ils en prissent soin ou pour toute autre cause, seront punis d'un emprisonnement de six semaines à six mois, et d'une amende de seize francs à cinquante francs.

Toutefois aucune peine ne sera prononcée, s'ils n'étaient pas tenus ou ne s'étaient pas obligés de pourvoir gratuitement à la nourriture et à l'entretien de l'enfant, et si personne n'y avait pourvu.

349. Ceux qui auront exposé et délaissé en un lieu solitaire un enfant au-dessous de l'âge de sept ans accomplis, ceux qui auront donné l'ordre de l'exposer ainsi, si cet ordre a été exécuté, seront, pour ce seul fait, condamnés à un emprisonnement de six mois à deux ans, et à une amende de seize francs à deux cents francs.

350. La peine portée au précédent article sera de deux ans à cinq ans, et l'amende de cinquante francs à quatre cents francs, contre les tuteurs ou tutrices, instituteurs ou institutrices de l'enfant exposé et délaissé par eux ou par leur ordre.

351. Si, par suite de l'exposition et du délaissement prévus par les articles 349 et 350, l'enfant est demeuré mutilé ou estropié, l'action sera considérée comme blessures volon-

taires à lui faites par la personne qui l'a exposé et délaissé; et si la mort s'en est suivie, l'action sera considérée comme meurtre : au premier cas, les coupables subiront la peine applicable aux blessures volontaires; et au second cas, celle du meurtre.

352. Ceux qui auront exposé et délaissé en un lieu non solitaire un enfant au-dessous de l'âge de sept ans accomplis, seront punis d'un emprisonnement de trois mois à un an, et d'une amende de seize francs à cent francs.

353. Le délit prévu par le précédent article sera puni d'un emprisonnement de six mois à deux ans, et d'une amende de vingt-cinq francs à deux cents francs, s'il a été commis par les tuteurs ou tutrices, instituteurs ou institutrices de l'enfant.

§ II.

Enlèvement de mineurs.

354. Quiconque aura, par fraude ou violence, enlevé ou fait enlever des mineurs, ou les aura entraînés, détournés ou déplacés, ou les aura fait entraîner, détourner ou déplacer des lieux où ils étaient mis par ceux à l'autorité ou à la direction desquels ils étaient soumis ou confiés, subira la peine de la reclusion.

355. Si la personne ainsi enlevée ou détournée est une fille au-dessous de seize ans accomplis, la peine sera celle des travaux forcés à temps.

356. Quand la fille au-dessous de seize ans aurait consenti à son enlèvement ou suivi volontairement le ravisseur, si celui-ci était ma-

jeur de vingt-un ans ou au-dessus, il sera condamné aux travaux forcés à temps.

Si le ravisseur n'avait pas encore vingt-un
ans, il sera puni d'un emprisonnement de deux
à cinq ans.

357. Dans le cas où le ravisseur aurait épousé
la fille qu'il a enlevée, il ne pourra être poursuivi que sur la plainte des personnes qui, d'a-
près le Code civil, ont le droit de demander
la nullité du mariage, ni condamné qu'après
que la nullité du mariage aura été prononcée.

§ III.

Infraction aux lois sur les inhumations.

358. Ceux qui, sans l'autorisation préalable
de l'officier public, dans le cas où elle est prescrite, auront fait inhumer un individu décédé,
seront punis de six jours à deux mois d'emprisonnement, et d'une amende de seize francs à
cinquante francs ; sans préjudice de la poursuite des crimes dont les auteurs de ce délit
pourraient être prévenus dans cette circonstance.

La même peine aura lieu contre ceux qui auront contrevenu, de quelque manière que ce
soit, à la loi et aux réglemens relatifs aux inhumations précipitées.

359. Quiconque aura recélé ou caché le ca-
davre d'une personne homicidée ou morte des
suites de coups ou blessures, sera puni d'un
emprisonnement de six mois à deux ans, et
d'une amende de cinquante francs à quatre

cents francs; sans préjudice de peines plus graves, s'il a participé au crime.

360. Sera puni d'un emprisonnement de trois mois à un an, et de seize francs à deux cents francs d'amende, quiconque se sera rendu coupable de violation de tombeaux ou de sépulture; sans préjudice des peines contre les crimes ou délits qui seraient joints à celui-ci.

SECTION VII.

Faux témoignage, Calomnie, Injures, Révélation de secrets.

§ Ier.
Faux témoignage.

361. Quiconque sera coupable de faux témoignage en matière criminelle, soit contre l'accusé, soit en sa faveur, sera puni de la peine des travaux forcés à temps.

Si néanmoins l'accusé a été condamné à une peine plus forte que celle des travaux forcés à temps, le faux témoin qui a déposé contre lui subira la même peine.

362 (1). Quiconque sera coupable de faux témoignage en matière correctionnelle, soit contre le prévenu, soit en sa faveur, sera puni de la reclusion.

Quiconque sera coupable de faux témoignage en matière de police, soit contre le prévenu, soit en sa faveur, sera puni de la dégradation civique et de la peine de l'emprisonnement pour un ans au moins et cinq ans au plus.

---

(1) *Ancien article abrégé par la loi de ce jour :* 362. Quiconque sera coupable de faux témoignage en matière correctionnelle ou de police, soit contre le prévenu, soit en sa faveur, sera puni de la reclusion.

363 (1). Le coupable de faux témoignage, en matière civile, sera puni de la peine de la reclusion.

364 (2). Le faux témoin en matière correctionnelle ou civile, qui aura reçu de l'argent, une récompense quelconque ou des promesses, sera puni des travaux forcés à temps.

Le faux témoin en matière de police, qui aura reçu de l'argent, une récompense quelconque ou des promesses, sera puni de la reclusion.

Dans tous les cas, ce que le faux témoin aura reçu sera confisqué.

365 (3). Le coupable de subornation de témoins sera passible des même peines que le faux témoin, selon les distinctions contenues dans les articles 361, 362, 363 et 364.

366. Celui à qui le serment aura été déféré ou référé en matière civile, et qui aura fait un faux serment, sera puni de la dégradation civique.

---

(1) *Ancien article abrogé par la loi de ce jour :* 363. Le coupable de faux témoignage en matière civile, sera puni de la peine portée au précédent article.

(2) *Ancien article abrogé par la loi de ce jour :* 364. Le faux témoin en matière correctionnelle, de police ou civile, qui aura reçu de l'argent, une récompense quelconque ou des promesses, sera puni des travaux forcés à temps.
Dans tous les cas, ce que le faux témoin aura reçu sera confisqué.

(3) *Ancien article abrogé par la loi de ce jour :* 365. Le coupable de subornation de témoins sera condamné à la peine des travaux forcés à temps, si le faux témoignage qui en a été l'objet emporte la peine de la reclusion; aux travaux forcés à perpétuité, lorsque le faux témoignage en portera la peine des travaux forcés à temps ou celle de la déportation, et à la peine de mort, lorsqu'il emportera celle des travaux forcés à perpétuité ou la peine capitale.

§ II.

367. Sera coupable du délit de calomnie, celui qui, soit dans des lieux ou réunions publics, soit dans un acte authentique et public, soit dans un écrit imprimé ou non qui aura été affiché, vendu ou distribué, aura imputé à un individu quelconque des faits qui, s'ils existaient, exposeraient celui contre lequel ils sont articulés à des poursuites criminelles ou correctionnelles, ou même l'exposeraient seulement au mépris ou à la haine des citoyens.

La présente disposition n'est point applicable aux faits dont la loi autorise la publicité, ni à ceux que l'auteur de l'imputation était, par la nature de ses fonctions ou de ses devoirs, obligé de révéler ou de réprimer.

368. Est réputée fausse, toute imputation à l'appui de laquelle la preuve légale n'est point rapportée. En conséquence, l'auteur de l'imputation ne sera pas admis, pour sa défense, à demander que la preuve en soit faite : il ne pourra pas non plus alléguer comme moyen d'excuse que les pièces ou les faits sont notoires, ou que les imputations qui donnent lieu à la poursuite sont copiées ou extraites de papiers étrangers ou d'autres écrits imprimés.

369. Les calomnies mises au jour par la voie de papiers étrangers, pourront être poursuivies contre ceux qui auront envoyé les articles ou

---

(1) La loi du 17 mai 1819, modifiée par celle du 25 mars 1822, a abrogé les articles 367, 368, 369, 370, 371, 372, 374, 375 et 377 du présent paragraphe.

donné l'ordre de les insérer, ou contribué à l'introduction ou à la distribution de ces papiers en France.

370. Lorsque le fait imputé sera légalement prouvé vrai, l'auteur de l'imputation sera à l'abri de toute peine.

Ne sera considérée comme preuve légale, que celle qui résultera d'un jugement ou de tout autre acte authentique.

371. Lorsque la preuve légale ne sera pas rapportée, le calomniateur sera puni des peines suivantes :

Si le fait imputé est de nature à mériter la peine de mort, les travaux forcés à perpétuité ou la déportation, le coupable sera puni d'un emprisonnement de deux à cinq ans, et d'une amende de deux cents francs à cinq mille francs.

Dans tous les autres cas, l'emprisonnement sera d'un mois à six mois, et l'amende de cinquante francs à deux mille francs.

372. Lorsque les faits imputés seront punissables suivant la loi, et que l'auteur de l'imputation les aura dénoncés, il sera, durant l'instruction sur ces faits, sursis à la poursuite et au jugement du délit de calomnie.

373. Quiconque aura fait par écrit une dénonciation calomnieuse contre un ou plusieurs individus, aux officiers de justice ou de police administrative ou judiciaire, sera puni d'un emprisonnement d'un mois à un an, et d'une amende de cent francs à trois mille francs.

374. Dans tous les cas, le calomniateur sera, à compter du jour où il aura subi sa peine, in-

7

terdit, pendant cinq ans au moins et dix ans au plus, des droits mentionnés en l'article 42 du présent code.

375. Quant aux injures ou aux expressions outrageantes qui ne renfermeraient l'imputation d'aucun fait précis, mais celle d'un vice déterminé, si elles ont été proférées dans des lieux ou réunions publics, ou insérées dans des écrits imprimés ou non, qui auraient été répandus et distribués, la peine sera d'une amende de seize francs à cinq cents francs.

376. Toutes autres injures ou expressions outrageantes qui n'auront pas eu ce double caractère de gravité et de publicité, ne donneront lieu qu'à des peines de simple police.

377. A l'égard des imputations et des injures qui seraient contenues dans les écrits relatifs à la défense des parties, ou dans les plaidoyers, les juges saisis de la contestation pourront, en jugeant la cause, ou prononcer la suppression des injures ou des écrits injurieux, ou faire des injonctions aux auteurs du délit, ou les suspendre de leurs fonctions, et statuer sur les dommages-intérêts.

La durée de cette suspension ne pourra excéder six mois : en cas de récidive, elle sera d'un an au moins et de cinq ans au plus.

Si les injures ou écrits injurieux portent le caractère de calomnie grave, et que les juges saisis de la contestation ne puissent connaître du délit, ils ne pourront prononcer contre les prévenus qu'une suspension provisoire de leurs fonctions, et les renverront, pour le jugement du délit, devant les juges compétens.

378. Les médecins, chirurgiens et autres officiers de santé, ainsi que les pharmaciens, les sages-femmes, et toutes autres personnes dépositaires, par état ou profession, des secrets qu'on leur confie, qui, hors le cas où la loi les oblige à se porter dénonciateurs, auront révélé ces secrets, seront punis d'un emprisonnement d'un mois à six mois, et d'une amende de cent francs à cinq cents francs.

CHAPITRE II.

CRIMES ET DÉLITS CONTRE LES PROPRIÉTÉS.

(Loi décrétée le 19 février 1810. Promulguée le 1 mars suivant.)

SECTION Iʳᵉ.

Vols.

379. Quiconque a soustrait frauduleusement une chose qui ne lui appartient pas, est coupable de vol.

380. Les soustractions commises par des maris au préjudice de leurs femmes, par des femmes au préjudice de leurs maris, par un veuf ou une veuve quant aux choses qui avaient appartenu à l'époux décédé, par des enfans ou autres descendans au préjudice de leurs pères ou mères ou autres ascendans, par des pères et mères ou autres ascendans au préjudice de leurs enfans ou autres descendans, ou par des alliés aux mêmes degrés, ne pourront donner lieu qu'à des réparations civiles.

A l'égard de tous autres individus qui auraient recélé ou appliqué à leur profit tout ou partie des objets volés, ils seront punis comme coupables de vol.

381 (1). Seront punis des travaux forcés à perpétuité les individus coupables de vols commis avec la réunion des cinq circonstances suivantes :

1° Si le vol a été commis la nuit ;

2° S'il a été commis par deux ou plusieurs personnes ;

3° Si les coupables, ou l'un d'eux, étaient porteurs d'armes apparentes ou cachées.

4° S'ils ont commis le crime, soit à l'aide d'effraction extérieure, ou d'escalade, ou de fausses clefs, dans une maison, appartement, chambre ou logement habités ou servant à l'habitation, ou leurs dépendances, soit en prenant le titre d'un fonctionnaire public ou d'un officier civil ou militaire, ou après s'être revêtus de l'uniforme ou du costume du fonctionnaire ou de l'officier, ou en alléguant un faux ordre de l'autorité civile ou militaire ;

5° S'ils ont commis le crime avec violence ou menace de faire usage de leurs armes.

382 (2). Sera puni de la peine des travaux

---

(1) *Ancien article abrégé par la loi de ce jour* : 381. Seront punis de la peine de mort les individus coupables de vols commis avec la réunion des cinq circonstances suivantes ;

1° Si le vol a été commis la nuit ;

2° S'il a été commis par deux ou plusieurs personnes ;

3° Si les coupables ou l'un d'eux étaient porteurs d'armes apparentes ou cachées ;

4° S'ils ont commis le crime, soit à l'aide d'effraction extérieure, ou d'escalade, ou de fausses clefs, dans une maison, appartement, chambre ou logement habités ou servant à l'habitation, ou leur dépendances, soit en prenant le titre d'un fonctionnaire public ou d'un officier civil ou militaire, ou après s'être revêtus de l'uniforme ou du costume du fonctionnaire ou de l'officier, ou en alléguant un faux ordre de l'autorité civile ou militaire ;

5° S'ils ont commis le crime avec violence ou menace de faire usage de leurs armes.

(1) *Ancien article abrégé par la loi de ce jour* : 382. Sera puni de la peine

forcés à temps, tout individu coupable de vol commis à l'aide de violence, et, de plus, avec deux des quatre premières circonstances prévues par le précédent article.

Si même la violence à l'aide de laquelle le vol a été commis a laissé des traces de blessures ou de contusions, cette circonstance seule suffira pour la peine des travaux forcés à perpétuité soit prononcée.

383 (1). Les vols commis sur les chemins publics emporteront la peine des travaux forcés à perpétuité, lorsqu'ils auront été commis avec deux des circonstances prévues dans l'article 381.

Ils emporteront la peine des travaux forcés à temps, lorsqu'ils auront été commis avec une seule de ces circonstances.

Dans les autres cas, la peine sera celle de la réclusion.

384. Sera puni de la peine des travaux forcés à temps, tout individu coupable de vol commis à l'aide d'un des moyens énoncés dans le n° 4 de l'article 381, même quoique l'effraction, l'escalade et l'usage des fausses clefs aient eu lieu dans des édifices, parcs ou enclos non servant à l'habitation et non dépendans des maisons habitées,

---

des travaux forcés à perpétuité, tout individu coupable de vol commis à l'aide de violence, et, de plus, avec deux des quatre premières circonstances prévues par le précédent article.

Si même la violence à l'aide de laquelle le vol a été commis a laissé des traces de blessures ou de contusions, cette circonstance seule suffira pour que la peine des travaux forcés à perpétuité soit prononcée.

(1) *Ancien article abrogé par la loi de ce jour :* 383. Les vols commis dans les chemins publics emporteront également la peine des travaux forcés à perpétuité.

et lors même que l'effraction n'aurait été qu'intérieure.

385. Sera également puni de la peine des travaux forcés à temps, tout individu coupable de vol commis, soit avec violence, lorsqu'elle n'aura laissé aucune trace de blessure ou de contusion et qu'elle ne sera accompagnée d'aucune autre circonstance, soit sans violence, mais avec la réunion des trois circonstances suivantes :

1° Si le vol a été commis la nuit ;

2° S'il a été commis par deux ou plusieurs personnes ;

3° Si le coupable, ou l'un des coupables, était porteur d'armes apparentes ou cachées.

386 (1). Sera puni de la peine de la reclusion tout individu coupable de vol commis dans l'un des cas ci-après :

1° Si le vol a été commis la nuit, et par deux

_____

(1) *Ancien article abrogé par la loi de ce jour :* 386. Sera puni de la peine de la reclusion, tout individu coupable de vol commis dans l'un des cas ci-après :

1° Si le vol a été commis la nuit, et par deux ou plusieurs personnes, ou s'il a été commis avec une de ces deux circonstances seulement, mais en même temps dans un lieu habité ou servant à l'habitation ;

2° Si le coupable, ou l'un des coupables, était porteur d'armes apparentes ou cachées, même quoique le lieu où le vol a été commis ne fût ni habité ni servant à l'habitation, et encore quoique le vol ait été commis le jour et par une seule personne ;

3° Si le voleur est un domestique ou un homme de service à gages, même lorsqu'il aura commis le vol envers des personnes qu'il ne servait pas, mais qui se trouvaient, soit dans la maison de son maître, soit dans celle où il l'accompagnait ; ou si c'est un ouvrier, compagnon ou apprenti, dans la maison, l'atelier ou le magasin de son maître ; ou un individu travaillant habituellement dans l'habitation où il aura volé ;

4° Si le vol a été commis par un aubergiste, un hôtelier, un voiturier, un batelier ou un de leurs préposés, lorsqu'ils auront volé tout ou partie des choses qui leur étaient confiées à ce titre ; ou enfin si le coupable a commis le vol dans l'auberge ou l'hôtellerie dans laquelle il était reçu.

ou plusieurs personnes, ou s'il a été commis avec une de ces deux circonstances seulement, mais en même temps dans un lieu habité ou servant à l'habitation, ou dans les édifices consacrés aux cultes légalement établis en France;

2° Si le coupable ou l'un des coupables était porteur d'armes apparentes ou cachées, même quoique le lieu où le vol a été commis ne fût ni habité ni servant à l'habitation, et encore quoique le vol ait été commis le jour et par une seule personne;

3° si le voleur est un domestique ou un homme de service à gages, même lorsqu'il aura commis le vol envers des personnes qu'il ne servait pas, mais qui se trouvaient, soit dans la maison de son maître, soit dans celle où il l'accompagnait; ou si c'est un ouvrier compagnon ou apprenti, dans la maison, l'atelier ou le magasin de son maître; ou un individu travaillant habituellement dans l'habitation où il aura volé;

4° Si le vol a été commis par un aubergiste, un hôtelier, un voiturier, un batelier ou un de leurs préposés, lorsqu'ils auront volé tout ou partie des choses qui leur étaient confiées à ce titre.

387. Les voituriers, bateliers ou leurs préposés, qui auront altéré des vins ou toute autre espèce de liquides ou de marchandises dont le transport leur avait été confié, et qui auront commis cette altération par le mélange de substances malfaisantes, seront punis de la peine portée au précédent article.

S'il n'y a pas eu mélange de substances malfaisantes, la peine sera un emprisonnement d'un mois à un an, et une amende de seize francs à cent francs.

388 (1). Quiconque aura volé ou tenté de voler dans les champs, des chevaux ou bêtes de charge, de voiture ou de monture, gros et menus bestiaux, ou des instrumens d'agriculture, sera puni d'un emprisonnement d'un an au moins et de cinq ans au plus, et d'une amende de seize francs à cinq cents francs.

Il en sera de même à l'égard des vols de bois dans les ventes, et de pierres dans les carrières, ainsi qu'à l'égard du vol de poissons en étang, vivier ou réservoir.

Quiconque aura volé ou tenté de voler dans les champs des récoltes ou autres productions utiles de la terre, déjà détachées du sol, ou des meules de grains faisant partie de récoltes, sera puni d'un emprisonnement de quinze jours à deux ans, et d'une amende de seize francs à deux cents francs.

Si le vol a été commis, soit la nuit, soit par plusieurs personnes, soit à l'aide de voitures ou d'animaux de charge, l'emprisonnement sera d'un an à cinq ans, et l'amende de seize francs à cinq cents francs.

Lorsque le vol ou la tentative de vol de ré-

---

(1) *Ancien article abrogé par la loi de ce jour :* 388. Quiconque aura volé, dans les champs, des chevaux ou bêtes de charge, de voiture ou de monture, gros et menus bestiaux, des instrumens d'agriculture, des récoltes ou meules de grains faisant partie de récoltes, sera puni de la réclusion.

Il en sera de même à l'égard des vols de bois dans les ventes et de pierres dans les carrières, ainsi qu'à l'égard du vol de poisson en étang, vivier ou réservoir.

coltes ou autres productions utiles de la terre, qui, avant d'être soustraites, n'étaient pas encore détachées du sol, aura eu lieu, soit avec des paniers ou des sacs ou autres objets équivalens, soit la nuit, soit à l'aide de voitures ou d'animaux de charge, soit par plusieurs personnes, la peine sera d'un emprisonnement de quinze jours à deux ans, et d'une amende de seize francs à deux cents francs.

Dans tous les cas spécifiés au présent article, les coupables pourront, indépendamment de la peine principale, être interdits de tout ou partie des droits mentionnés en l'article 42, pendant cinq ans au moins et dix ans au plus, à compter du jour où ils auront subi leur peine. Ils pourront aussi être mis, par l'arrêt ou le jugement, sous la surveillance de la haute police pendant le même nombre d'années.

389 (1). Sera puni de la reclusion celui qui, pour commettre un vol, aura enlevé ou déplacé des bornes servant de séparation aux propriétés.

390. Est réputé *maison habitée*, tout bâtiment, logement, loge, cabane, même mobile, qui, sans être actuellement habité, est destiné à l'habitation, et tout ce qui en dépend, comme cours, basses-cours, granges, écuries, édifices qui y sont enfermés, quel qu'en soit l'usage, et quand même ils auraient une clôture particulière dans la clôture ou enceinte générale.

391. Est réputé *parc* ou *enclos*, tout terrain environné de fossés, de pieux, de claies, de plan-

---

(1) *Ancien article abrogé par la loi de ce jour:* 389. La même peine aura lieu, si, pour commettre un vol, il y a eu enlèvement ou déplacement de bornes servant de séparation aux propriétés.

ches, de haies vives ou sèches, ou de murs de quelque espèce de matériaux que ce soit, quelles que soient la hauteur, la profondeur, la vétusté, la dégradation de ces diverses clôtures, quand il n'y aurait pas de porte fermant à clef ou autrement, ou quand la porte serait à claire-voie et ouverte habituellement.

392. Les parcs mobiles destinés à contenir du bétail dans la campagne, de quelque matière qu'ils soient faits, sont aussi réputés enclos; et lorsqu'ils tiennent aux cabanes mobiles ou autres abris destinés aux gardiens, ils sont réputés dépendans de maison habitée.

393. Est qualifié *effraction*, tout forcement, rupture, dégradation, démolition, enlèvement de murs, toits, planchers, portes, fenêtres, serrures, cadenas, ou autres ustensiles ou instrumens servant à fermer ou à empêcher le passage, et de toute espèce de clôture, quelle qu'elle soit.

394. Les effractions sont extérieures ou intérieures.

395. Les effractions extérieures sont celles à l'aide desquelles on peut s'introduire dans les maisons, cours, basses-cours, enclos ou dépendances, ou dans les appartemens ou logemens particuliers.

396. Les effractions intérieures sont celles qui, après l'introduction dans les lieux mentionnés en l'article précédent, sont faites aux portes ou clôtures du dedans, ainsi qu'aux armoires ou autres meubles fermés.

Est compris dans la classe des effractions intérieures, le simple enlèvement des caisses, boîtes, ballots sous toile et corde, et autres meubles fermés, qui contiennent des effets quelconques, bien que l'effraction n'ait pas été faite sur le lieu.

397. Est qualifiée *escalade*, toute entrée dans les maisons, bâtimens, cours, basses-cours, édifices quelconques, jardins, parcs et enclos, exécutée par-dessus les murs, portes, toitures ou toute autre clôture.

L'entrée par une ouverture souterraine, autre que celle qui a été établie pour servir d'entrée, est une circonstance de même gravité que l'escalade.

398. Sont qualifiés *fausses clefs*, tous crochets, rossignols, passe-partouts, clefs imitées, contrefaites, altérées, ou qui n'ont pas été destinées par le propriétaire, locataire, aubergiste ou logeur, aux serrures, cadenas, ou aux fermetures quelconques auxquelles le coupable les aura employés.

399. Quiconque aura contrefait ou altéré des clefs, sera condamné à un emprisonnement de trois mois à deux ans, et à une amende de vingt-cinq francs à cent cinquante francs.

Si le coupable est un serrurier de profession, il sera puni de la reclusion.

Le tout sans préjudice de plus fortes peines, s'il y échet, en cas de complicité de crime.

400 (1). Quiconque aura extorqué par force,

_____

(1. *Ancien article abrogé par la loi de ce jour :* 400. Quiconque aura extorqué par force, violence ou contrainte, la signature ou la remise d'un écrit, d'un acte, d'un titre, d'une pièce quelconque, contenant ou opérant obligation, disposition ou décharge, sera puni de la peine des travaux forcés à temps.

violence ou contrainte, la signature ou la remise d'un écrit, d'un acte, d'un titre, d'une pièce quelconque contenant ou opérant obligation, disposition ou décharge, sera puni de la peine des travaux forcés à temps.

Le saisi qui aura détruit, détourné ou tenté de détourner des objets saisis sur lui et confiés à sa garde, sera puni des peines portées en l'article 406.

Il sera puni des peines portées en l'article 401, si la garde des objets saisis et par lui détruits ou détournés avait été confiée à un tiers.

Celui qui aura recélé sciemment les objets détournés, le conjoint, les ascendans et descendans du saisi qui l'auront aidé dans la destruction ou le détournement de ces objets, seront punis d'une peine égale à celle qu'il aura encourue.

401. Les autres vols non spécifiés dans la présente section, les larcins et filouteries, ainsi que les tentatives de ces mêmes délits, seront punis d'un emprisonnement d'un an au moins et de cinq ans au plus, et pourront même l'être d'une amende qui sera de seize francs au moins et de cinq cents francs au plus.

Les coupables pourront encore être interdits des droits mentionnés en l'article 42 du présent code, pendant cinq ans au moins et dix ans au plus, à compter du jour où ils auront subi leur peine.

Ils pourront aussi être mis, par l'arrêt ou le jugement, sous la surveillance de la haute police pendant le même nombre d'années.

SECTION II.

Banqueroutes, Escroqueries, et autres espèces de Fraude.

§ Ier.

Banqueroute et Escroquerie.

402. Ceux qui, dans les cas prévus par le Code de commerce, seront déclarés coupables de banqueroute, seront punis ainsi qu'il suit :

Les banqueroutiers frauduleux seront punis de la peine des travaux forcés à temps ;

Les banqueroutiers simples seront punis d'un emprisonnement d'un mois au moins et de deux ans au plus.

403. Ceux qui, conformément au Code de commerce, seront déclarés complices de banqueroute frauduleuse, seront punis de la même peine que les banqueroutiers frauduleux.

404. Les agens de change et courtiers qui auront fait faillite, seront punis de la peine des travaux forcés à temps : s'ils sont convaincus de banqueroute frauduleuse, la peine sera celle des travaux forcés à perpétuité.

405. Quiconque, soit en faisant usage de faux noms ou de fausses qualités, soit en employant des manœuvres frauduleuses pour persuader l'existence de fausses entreprises, d'un pouvoir ou d'un crédit imaginaire, ou pour faire naître l'espérance ou la crainte d'un succès, d'un accident ou de tout autre événement chimérique, se sera fait remettre ou délivrer des fonds, des meubles ou des obligations, dispositions, billets, promesses, quittances ou

décharges, et aura, par un de ces moyens, escroqué ou tenté d'escroquer la totalité ou partie de la fortune d'autrui, sera puni d'un emprisonnement d'un an au moins et de cinq ans au plus, et d'une amende de cinquante francs au moins et de trois mille francs au plus.

Le coupable pourra être, en outre, à compter du jour où il aura subi sa peine, interdit, pendant cinq ans au moins et dix ans au plus, des droits mentionnés en l'article 42 du présent code : le tout, sauf les peines plus graves, s'ils y a crime de faux.

§ II.
Abus de confiance.

406. Quiconque aura abusé des besoins, des faiblesses ou des passions d'un mineur, pour lui faire souscrire, à son préjudice, des obligations, quittances ou décharges, pour prêt d'argent ou de choses mobilières, ou d'effets de commerce, ou de tous autres effets obligatoires, sous quelque forme que cette négociation ait été faite ou déguisée, sera puni d'un emprisonnement de deux mois au moins, de deux ans au plus, et d'une amende qui ne pourra excéder le quart des restitutions et des dommages-intérêts qui seront dus aux parties lésées, ni être moindre de vingt-cinq francs.

La disposition portée au second paragraphe du précédent article, pourra de plus être appliquée.

407. Quiconque abusant d'un blanc-seing qui lui aura été confié, aura frauduleusement écrit au-dessus une obligation ou décharge, ou tout

autre acte pouvant compromettre la personne ou la fortune du signataire, sera puni des peines portées en l'article 405.

Dans le cas où le blanc-seing ne lui aurait pas été confié, il sera poursuivi comme faussaire et puni comme tel.

408 (1). Quiconque aura détourné ou dissipé, au préjudice des propriétaires, possesseurs ou détenteurs, des effets, deniers, marchandises, billets, quittances ou tous autres écrits contenant ou opérant obligation ou décharge, qui ne lui auraient été remis qu'à titre de louage, de dépôt, de mandat, ou pour un travail salarié ou non salarié, à la charge de les rendre ou représenter, ou d'en faire un usage ou un emploi déterminé, sera puni des peines portées en l'article 406.

Si l'abus de confiance prévu et puni par le précédent paragraphe a été commis par un domestique, homme de service à gages, élève, clerc, commis, ouvrier, compagnon ou apprenti, au préjudice de son maître, la peine sera celle de la reclusion.

Le tout sans préjudice de ce qui est dit aux articles 254, 255 et 256, relativement aux soustractions et enlèvemens de deniers, effets ou pièces commis dans les dépôts publics.

_____

(1) *Ancien article abrogé par la loi de ce jour :* 408. Quiconque aura détourné ou dissipé, au préjudice du propriétaire, possesseur ou détenteur, des effets, deniers, marchandises, billets, quittances ou tous autres écrits contenant ou opérant obligation ou décharge, qui ne lui auraient été remis qu'à titre de dépôt ou pour un travail salarié, à la charge de les rendre ou représenter, ou d'en faire un usage ou un emploi déterminé, sera puni des peines portées dans l'article 406.

Le tout sans préjudice de ce qui est dit aux articles 254, 255 et 256, relativement aux soustractions et enlèvemens de deniers, effets ou pièces commis dans les dépôts publics.

409. Quiconque, après avoir produit, dans une contestation judiciaire, quelque titre, pièce ou mémoire, l'aura soustrait de quelque manière que ce soit, sera puni d'une amende de vingt-cinq francs à trois cents francs.

Cette peine sera prononcée par le tribunal saisi de la contestation.

§ III.

Contravention aux Réglemens sur les maisons de jeu, les loteries et les maisons de prêt sur gage.

410. Ceux qui auront tenu une maison de jeux de hasard, et y auront admis le public, soit librement, soit sur la présentation des intéressés ou affiliés, les banquiers de cette maison, tous ceux qui auront établi ou tenu des loteries non autorisées par la loi, tous administrateurs, préposés ou agens de ces établissemens, seront punis d'un emprisonnement de deux mois au moins et de six mois au plus, et d'une amende de cent francs à six mille francs.

Les coupables pourront être de plus, à compter du jour où ils auront subi leur peine, interdits, pendant cinq ans au moins et dix ans au plus, des droits mentionnés en l'article 42 du présent code.

Dans tous les cas, seront confisqués tous les fonds ou effets qui seront trouvés exposés au jeu ou mis à la loterie, les meubles, instrumens, ustensiles, appareils employés ou destinés au service des jeux ou des loteries, les meubles et les effets mobiliers dont les lieux seront garnis ou décorés.

411. Ceux qui auront établi ou tenu des maisons de prêt sur gages ou nantissement, sans autorisation légale, ou qui, ayant une autorisation, n'auront pas tenu un registre conforme aux réglemens, contenant de suite, sans aucun blanc ni interligne, les sommes ou les objets prêtés, les noms, domicile et profession des emprunteurs, la nature, la qualité, la valeur des objets mis en nantissement, seront punis d'un emprisonnement de quinze jours au moins, de trois mois au plus, et d'une amende de cent francs à deux mille francs.

§ IV.
Entraves apportées à la liberté des Enchères.

412. Ceux qui, dans les adjudications de la propriété, de l'usufruit ou de la location des choses mobilières, ou immobilières d'une entreprise, d'une fourniture, d'une exploitation ou d'un service quelconque, auront entravé ou troublé la liberté des enchères ou des soumissions, par voies de fait, violences ou menaces, soit avant, soit pendant les enchères ou les soumissions, seront punis d'un emprisonnement de quinze jours au moins, de trois mois au plus, et d'une amende de cent francs au moins et de cinq mille francs au plus.

La même peine aura lieu contre ceux qui, par dons ou promesses, auront écarté les enchérisseurs.

§ V.
Violation des Réglemens relatifs aux manufactures, au commerce et aux arts.

413. Toute violation des réglemens d'admi-

nistration publique relatifs aux produits des manufactures françaises qui s'exporteront à l'étranger, et qui ont pour objet de garantir la bonne qualité, les dimensions et la nature de la fabrication, sera punie d'une amende de deux cents francs au moins, de trois mille francs au plus, et de la confiscation des marchandises. Ces deux peines pourront être prononcées cumulativement ou séparément selon les circonstances.

414. Toute coalition entre ceux qui font travailler des ouvriers, tendant à forcer injustement et abusivement l'abaissement des salaires, suivie d'une tentative ou d'un commencement d'exécution, sera punie d'un emprisonnement de six jours à un mois, et d'une amende de deux cents francs à trois mille francs.

415. Toute coalition de la part des ouvriers pour faire cesser en même temps de travailler, interdire le travail dans un atelier, empêcher de s'y rendre et d'y rester avant ou après de certaines heures, et en général pour suspendre, empêcher, enchérir les travaux, s'il y a eu tentative ou commencement d'exécution, sera punie d'un emprisonnement d'un mois au moins et de trois mois au plus.

Les chefs ou moteurs seront punis d'un emprisonnement de deux à cinq ans.

416. Seront aussi punis de la peine portée par l'article précédent, et d'après les mêmes distinctions, les ouvriers qui auront prononcé des amendes, des défenses, des interdictions,

ou toutes proscriptions sous le nom de *damna-
tions* et sous quelque qualification que ce puisse
être, soit contre les directeurs d'ateliers et
entrepreneurs d'ouvrages, soit les uns contre les
autres.

Dans le cas du présent article et dans celui
du précédent, les chefs ou moteurs du délit
pourront, après l'expiration de leur peine, être
mis sous la surveillance de la haute police
pendant deux ans au moins et cinq ans au
plus.

417. Quiconque, dans la vue de nuire à
l'industrie française, aura fait passer en pays
étranger, des directeurs, commis ou des ouvriers d'un établissement, sera puni d'un emprisonnement de six mois à deux ans, et d'une
amende de cinquante francs à trois cents
francs.

418. Tout directeur, commis, ouvrier de
fabrique, qui aura communiqué à des étrangers
ou à des Français résidant en pays étranger,
des secrets de la fabrique où il est employé,
sera puni de la reclusion et d'une amende de
cinq cents francs à vingt mille francs.

Si ces secrets ont été communiqués à des
Français résidant en France, la peine sera d'un
emprisonnement de trois mois à deux ans, et
d'une amende de seize francs à deux cents
francs.

419. Tous ceux qui, par des faits faux ou
calomnieux semés à dessein dans le public,
par des suroffres faites aux prix que deman-
daient les vendeurs eux-mêmes, par réunion

ou coalition entre les principaux détenteurs d'une même marchandise ou denrée, tendant à ne la pas vendre ou à ne la vendre qu'à un certain prix, ou qui, par des voies ou moyens frauduleux quelconques, auront opéré la hausse ou la baisse du prix des denrées ou marchandises ou des papiers et effets publics au-dessus ou au-dessous des prix qu'aurait déterminés la concurrence naturelle et libre du commerce, seront punis d'un emprisonnement d'un mois au moins, d'un an au plus, et d'une amende de cinq cents francs à dix mille francs. Les coupables pourront de plus être mis, par l'arrêt ou le jugement, sous la surveillance de la haute police pendant deux ans au moins et cinq ans au plus.

420. La peine sera d'un emprisonnement de deux mois au moins et de deux ans au plus, et d'une amende de mille francs à vingt mille francs, si ces manœuvres ont été pratiquées sur grains, grenailles, farines, substances farineuses, pain, vin, ou toute autre boisson.

La mise en surveillance qui pourra être prononcée sera de cinq ans au moins et de dix ans au plus.

421. Les paris qui auront été faits sur la hausse ou la baisse des effets publics seront punis des peines portées par l'article 419.

422. Sera réputée pari de ce genre toute convention de vendre ou de livrer des effets publics qui ne seront pas prouvés par le vendeur avoir existé à sa disposition au temps de

la convention, ou avoir dû s'y trouver au temps de la livraison.

423. Quiconque aura trompé l'acheteur sur le titre des matières d'or ou d'argent, sur la qualité d'une pierre fausse vendue pour fine, sur la nature de toutes marchandises ; quiconque, par usage de faux poids ou de fausses mesures, aura trompé sur la quantité des choses vendues, sera puni de l'emprisonnement pendant trois mois au moins, un an au plus, et d'une amende qui ne pourra excéder le quart des restitutions et dommages-intérêts, ni être au-dessous de cinquante francs.

Les objets du délit, ou leur valeur, s'ils appartiennent encore au vendeur, seront confisqués : les faux poids et les fausses mesures seront aussi confisqués, et de plus seront brisés.

424. Si le vendeur et l'acheteur se sont servis, dans leurs marchés, d'autres poids ou d'autres mesures que ceux qui ont été établis par les lois de l'Etat, l'acheteur sera privé de toute action contre le vendeur qui l'aura trompé par l'usage de poids ou de mesures prohibés ; sans préjudice de l'action publique pour la punition tant de cette fraude que de l'emploi même des poids et des mesures prohibés.

La peine, en cas de fraude, sera celle portée par l'article précédent.

La peine pour l'emploi des mesures et poids prohibés sera déterminée par le livre IV du présent code, contenant les peines de simple police.

425. Toute édition d'écrits, de composition musicale, de dessin, de peinture ou de toute autre production, imprimée ou gravée en entier ou en partie, au mépris des lois et réglemens relatifs à la propriété des auteurs, est une contrefaçon, et toute contrefaçon est un délit.

426. Le débit d'ouvrages contrefaits, l'introduction sur le territoire français d'ouvrages qui, après avoir été imprimés en France, ont été contrefaits chez l'étranger, sont un délit de la même espèce.

427. La peine contre le contrefacteur ou contre l'introducteur sera une amende de cent francs au moins et de deux mille francs au plus; et contre le débitant, une amende de vingt-cinq francs au moins et de cinq cents francs au plus.

La confiscation de l'édition contrefaite sera prononcée tant contre le contrefacteur que contre l'introducteur et le débitant.

Les planches, moules ou matrices des objets contrefaits, seront aussi confisqués.

428. Tout directeur, tout entrepreneur de spectacle, toute association d'artistes, qui aura fait représenter sur son théâtre des ouvrages dramatiques au mépris des lois et réglemens relatifs à la propriété des auteurs, sera puni d'une amende de cinquante francs au moins, de cinq cents francs au plus, et de la confiscation des recettes.

429. Dans les cas prévus par les quatre articles précédens, le produit des confiscations, ou les recettes confisquées, seront remis au propriétaire, pour l'indemniser d'autant du

préjudice qu'il aura souffert; le surplus de son indemnité, ou l'entière indemnité, s'il n'y a eu ni vente d'objets confisqués, ni saisie de recettes, sera réglé par les voies ordinaires.

§ VI.

Délits des Fournisseurs.

430. Tous individus chargés, comme membres de compagnie ou individuellement, de fournitures, d'entreprises ou régies pour le compte des armées de terre et de mer, qui sans y avoir été contraints par une force majeure, auront fait manquer le service dont ils sont chargés, seront punis de la peine de la réclusion et d'une amende qui ne pourra excéder le quart des dommages-intérêts, ni être au-dessous de cinq cents francs; le tout sans préjudice de peines plus fortes en cas d'intelligence avec l'ennemi.

431. Lorsque la cessation du service proviendra du fait des agens des fourniseurs, les agens seront condamnés aux peines portées par le précédent article.

Les fournisseurs et leurs agens seront également condamnés, lorsque les uns et les autres auront participé au crime.

432. Si des fonctionnaires publics ou des agens, préposés ou salariés du Gouvernement, ont aidé les coupables à faire manquer le service, ils seront punis de la peine des travaux forcés à temps; sans préjudice de peines plus fortes en cas d'intelligence avec l'ennemi.

433. Quoique le service n'ait pas manqué, si

par négligence, les livraisons et les travaux ont été retardés, ou s'il y a eu fraude sur la nature, la qualité ou la quantité des travaux ou main-d'œuvre ou des choses fournies, les coupables seront punis d'un emprisonnement de six mois au moins et de cinq ans au plus, et d'une amende qui ne pourra excéder le quart des dommages-intérêts, ni être moindre de cent francs.

Dans les divers cas prévus par les articles composant le présent paragraphe, la poursuite ne pourra être faite que sur la dénonciation du Gouvernement.

SECTION III.

Destructions, dégradations, dommages.

434 (1). Quiconque aura volontairement mis le feu à des édifices, navires, bateaux, magasins, chantiers, quand ils sont habités ou servent à l'habitation, et généralement aux lieux habités ou servant à l'habitation, qu'ils appartiennent ou n'appartiennent pas à l'auteur du crime, sera puni de mort.

Sera puni de la même peine quiconque aura volontairement mis le feu à tout édifice servant à des réunions de citoyens.

Quiconque aura volontairement mis le feu à des édifices, navires, bateaux, magasins, chantiers, lorsqu'ils ne sont ni habités, ni servant à

---

(1) *Ancien article abrogé par la loi de ce jour :* 434. Quiconque aura volontairement mis le feu à des édifices, navires, bateaux, magasins, chantiers, forêts, bois taillis ou récoltes, soit sur pied, soit abattus, soit aussi que les bois soient en tas ou en cordes, et les récoltes en tas ou en meules, ou à des matières combustibles placées de manière à communiquer le feu à ces choses ou à l'une d'elles, sera puni de la peine de mort.

habitation , ou à des forêts , bois taillis ou récoltes sur pied , lorsque ces objets ne lui appartiennent pas , sera puni de la peine des travaux
forcés à perpétuité.

Celui qui , en mettant le feu à l'un des objets
énumérés dans le paragraphe précédent et à lui-
même appartenant, aura volontairement causé
un préjudice quelconque à autrui, puni des travaux forcés à temps.

Quiconque aura volontairement mis le feu à
des bois ou récoltes abattus , soit que les bois
soient en tas ou en cordes , et les récoltes en tas
ou en meules , si ces objets ne lui appartiennent
pas , sera puni des travaux forcés à temps.

Celui qui , en mettant le feu à l'un des objets
énumérés dans le paragraphe précédent et à lui-
même appartenant, aura volontairement causé
un préjudice quelconque à autrui, sera puni de
la reclusion.

Celui qui aura communiqué l'incendie à l'un
des objets énumérés dans les précédens paragraphes , en mettant volontairement le feu à des
objets quelconques, appartenant soit à lui , soit
à autrui, et placés de manière à communiquer
ledit incendie, sera puni de la même peine que
s'il avait directement mis le feu à l'un desdits
objets.

Dans tous les cas , si l'incendie a occasionné la
mort d'une ou plusieurs personnes se trouvant
dans les lieux incendiés au moment où il a éclaté,
la peine sera la mort.

435 (1). Le peine sera la même, d'après les distinctions faites en l'article précédent , contre

ceux qui auront détruit, par l'effet d'une mine, des édifices, navires, bateaux, magasins ou chantiers.

436. La menace d'incendier une habitation ou toute autre propriété sera punie de la peine portée contre la menace d'assassinat, et d'après les distinctions établies par les art. 305, 306 et 307.

437. Quiconque aura volontairement détruit ou renversé, par quelque moyen que ce soit, en tout ou en partie, des édifices, des ponts, digues ou chaussées, ou autres constructions qu'il savait appartenir à autrui, sera puni de la reclusion, et d'une amende qui ne pourra excéder le quart des restitutions et indemnités, ni être au-dessous de cent francs. ·

S'il y a eu homicide ou blessures, le coupable sera, dans le premier cas, puni de mort, et, dans le second, puni de la peine des travaux forcés à temps.

438. Quiconque, par des voies de fait, se sera opposé à la confection de travaux autorisés par le Gouvernement, sera puni d'un emprisonnement de trois mois à deux ans, et d'une amende qui ne pourra excéder le quart des dommages-intérêts ni être au-dessous de seize francs.

Les moteurs subiront le *maximum* de la peine.

439. Quiconque aura volontairement brûlé ou détruit, d'une manière quelconque, des registres, minutes ou actes originaux de l'autorité publique, des titres, billets, lettres de change,

---

effets de commerce ou de banque, contenant ou opérant obligation, disposition ou décharge, sera puni ainsi qu'il suit :

Si les pièces détruites sont des actes de l'autorité publique, ou des effets de commerce ou de banque, le peine sera la reclusion ;

S'il s'agit de toute autre pièce, le coupable sera puni d'un emprisonnement de deux à cinq ans, et d'une amende de cent francs à trois cents francs.

440. Tout pillage, tout dégât de denrées ou marchandises, effets, propriétés mobilières, commis en réunion ou bande et à force ouverte, sera puni des travaux forcés à temps; chacun des coupables sera de plus condamné à une amende de deux cents francs à cinq mille francs.

441. Néanmoins ceux qui prouveront avoir été entraînés par des provocations ou sollicitations à prendre part à ces violences, pourront n'être punis que de la peine de la reclusion.

442. Si les denrées pillées ou détruites sont des grains, grenailles ou farines, substances farineuses, pain, vin, ou autre boisson, la peine que subiront les chefs, instigateurs ou provocateurs seulement, sera le *maximum* des travaux forcés à temps, et celui de l'amende prononcée par l'article 440.

443. Quiconque, à l'aide d'une liqueur corrosive ou par tout autre moyen, aura volontairement gâté des marchandises ou matières servant à la fabrication, sera puni d'un emprisonnement d'un mois à deux ans, et d'une amende qui ne pourra excéder le quart des dom-

mages-intérêts, ni être moindre de seize
francs.

Si le délit a été commis par un ouvrier de la
fabrique ou par un commis de la maison de commerce, l'emprisonnement sera de deux à cinq
ans, sans préjudice de l'amende, ainsi qu'il vient
d'être dit.

444. Quiconque aura dévasté des récoltes sur
pied ou des plants venus naturellement ou faits
de main d'homme, sera puni d'un emprisonnement de deux ans au moins, de cinq ans au
plus.

Les coupables pourront de plus être mis, par
l'arrêt ou le jugement, sous la surveillance de
la haute police pendant cinq ans au moins et dix
ans au plus.

445. Quiconque aura abattu un ou plusieurs
arbres qu'il savait appartenir à autrui, sera puni
d'un emprisonnement qui ne sera pas au-dessous de six jours ni au-dessus de six mois, à
raison de chaque arbre, sans que la totalité
puisse excéder cinq ans.

446. Les peines seront les mêmes à raison de
chaque arbre mutilé, coupé ou écorcé de manière à le faire périr.

447. S'il y a eu destruction d'une ou de plusieurs greffes, l'emprisonnement sera de six jours
à deux mois, à raison de chaque greffe, sans que
la totalité puisse excéder deux ans.

448. Le *minimum* de la peine sera de vingt
jours dans les cas prévus par les articles 445 et
446, et de dix jours dans le cas prévu par l'article 447, si les arbres étaient plantés sur les

places, routes, chemins, rues ou voies publiques ou vicinales ou de traverse.

449. Quiconque aura coupé des grains ou des fourrages qu'il savait appartenir à autrui, sera puni d'un emprisonnement qui ne sera pas au-dessous de six jours ni au-dessus de deux mois.

450. L'emprisonnement sera de vingt jours au moins et de quatre mois au plus, s'il a été coupé du grain en vert.

Dans les cas prévus par le présent article et les six précédens, si le fait a été commis en haine d'un fonctionnaire public et à raison de ses fonctions, le coupable sera puni du *maximum* de la peine établie par l'article auquel le cas se référera.

Il en sera de même, quoique cette circonstance n'existe point, si le fait a été commis pendant la nuit.

451. Toute rupture, toute destruction d'instrumens d'agriculture, de parcs de bestiaux, de cabanes de gardiens, sera punie d'un emprisonnement d'un mois au moins, d'un an au plus.

452. Quiconque aura empoisonné des chevaux ou autres bêtes de voiture, de monture ou de charge, des bestiaux à cornes, des moutons, chèvres ou porcs, ou des poissons dans des étangs, viviers ou réservoirs, sera puni d'un emprisonnement d'un an à cinq ans, et d'une amende de seize francs à trois cents francs. Les coupables pourront être mis, par l'arrêt ou le jugement, sous la surveillance de la haute police pendant deux ans au moins et cinq ans au plus.

453. Ceux qui, sans nécessité, auront tué l'un des animaux mentionnés au précédent article, seront punis ainsi qu'il suit :

Si le délit a été commis dans les bâtimens, enclos et dépendances ou sur les terres dont le maître de l'animal tué était propriétaire, locataire, colon ou fermier, la peine sera un emprisonnement de deux mois à six mois;

S'il a été commis dans les lieux dont le coupable était propriétaire, locataire, colon ou fermier, l'emprisonnement sera de six jours à un mois;

S'il a été commis dans tout autre lieu, l'emprisonnement sera de quinze jours à six semaines.

Le *maximum* de la peine sera toujours prononcé en cas de violation de clôture.

454. Quiconque aura, sans nécessité, tué un animal domestique dans un lieu dont celui à qui cet animal appartient est propriétaire, locataire, colon ou fermier, sera puni d'un emprisonnement de six jours au moins et de six mois au plus.

S'il y a eu violation de clôture, le *maximum* de la peine sera prononcé.

455. Dans les cas prévus par les articles 444 et suivans jusqu'au précédent article inclusivement, il sera prononcé une amende qui ne pourra excéder le quart des restitutions et dommages-intérêts, ni être au-dessous de seize francs.

456. Quiconque aura, en tout ou en partie, comblé des fossés détruit des clôtures, de quelques matériaux qu'elles soient faites, coupé ou arraché des haies vives ou sèches; quiconque

aura déplacé ou supprimé des bornes ou pieds
corniers, ou autres arbres plantés ou reconnus
pour établir les limites entre différens héritages,
sera puni d'un emprisonnement qui ne pourra
être au-dessous d'un mois ni excéder une année, et d'une amende égale au quart des restitutions et des dommages-intérêts, qui, dans
aucun cas, ne pourra être au-dessous de cinquante francs.

457. Seront punis d'une amende qui ne pourra
excéder le quart des restitutions et des dommages-intérêts, ni être au-dessous de cinquante
francs, les propriétaires ou fermiers, ou toute
personne jouissant de moulins, usines ou étangs,
qui, par l'élévation du déversoir de leurs eaux
au-dessus de la hauteur déterminée par l'autorité compétente, auront inondé les chemins
ou les propriétés d'autrui.

S'il est résulté du fait quelques dégradations,
la peine sera, outre l'amende, un emprisonnement de six jours à un mois.

458. L'incendie des propriétés mobilières ou
immobilières d'autrui, qui aura été causé par la
vétusté ou le défaut soit de réparation, soit de
nettoyage des fours, cheminées, forges, maisons ou usines prochaines, ou par des feux al-
lumés dans les champs à moins de cent mètres
des maisons, édifices, forêts, bruyères, bois,
vergers, plantations, haies, meules, tas de
grains, pailles, foins, fourrages, ou tout autre
dépôt de matières combustibles, ou par des feux
ou lumières portés ou laissés sans précaution
suffisante, ou par des pièces d'artifice allumées

ou tirées par négligence ou imprudence, sera puni d'une amende de cinquante francs au moins et de cinq cents francs au plus.

459. Tout détenteur ou gardien d'animaux ou de bestiaux soupçonnés d'être infectés de maladie contagieuse, qui n'aura pas averti sur-le-champ le maire de la commune où ils se trouvent, et qui, même avant que le maire ait répondu à l'avertissement, ne les aura pas tenus renfermés, sera puni d'un emprisonnement de six jours à deux mois, et d'une amende de seize francs à deux cents francs.

460. Seront également punis d'un emprisonnement de deux mois à six mois, et d'une amende de cent francs à cinq cents francs, ceux qui, au mépris des défenses de l'administration, auront laissé leurs animaux ou bestiaux infectés communiquer avec d'autres.

461. Si, de la communication mentionnée au précédent article, il est résulté une contagion parmi les autres animaux, ceux qui auront contrevenu aux défenses de l'autorité administrative seront punis d'un emprisonnement de deux ans à cinq ans, et d'une amende de cent francs à mille francs ; le tout sans préjudice de l'exécution des lois et réglemens relatifs aux maladies épizootiques, et de l'application des peines y portées.

462. Si les délits de police correctionnelle dont il est parlé au présent chapitre ont été commis par des gardes champêtres ou forestiers, ou des officiers de police, à quelque titre que ce soit, la peine d'emprisonnement

sera d'un mois au moins , et d'un tiers au plus en sus de la peine la plus forte qui serait appliquée à un autre coupable du même délit.

DISPOSITIONS GÉNÉRALES.

463 (1). Les peines prononcées par la loi contre celui ou ceux des accusés reconnus coupables, en faveur de qui le jury aura déclaré les circonstances atténuantes , seront modifiées ainsi qu'il suit :

Si la peine prononcée par la loi est la mort, la cour appliquera la peine des travaux forcés à perpétuité ou celle des travaux forcés à temps. Néanmoins , s'il s'agit de crimes contre la sûreté extérieure ou intérieure de l'Etat, la cour appliquera la peine de la déportation ou celle de la détention ; mais dans les cas prévus par les articles 86, 96 et 97, elle appliquera la peine des travaux forcés à perpétuité ou celle des travaux forcés à temps.

Si la peine est celle des travaux forcés à perpetuité, la cour appliquera la peine des travaux forcés à temps ou celle de la réclusion.

Si la peine est celle de la déportation , la cour appliquera la peine de la détention ou celle du banissement.

Si la peine est celle des travaux forcés à

_____

(1) Ancien article abrogé par la loi de ce jour : 463. Dans tous les cas où la peine d'emprisonnement est portée par le présent code, si le préjudice causé n'excède pas vingt cinq francs, et si les circonstances paraissent atténuantes, les tribunaux sont autorisés à réduire l'emprisonnement, même au-dessous de six jours, et l'amende, même au-dessous de seize francs. Ils pourront aussi prononcer séparément l'une ou l'autre de ces peines, sans qu'en aucun cas elle puisse être au-dessous des peines de simple police.

temps, la cour appliquera la peine de la reclusion ou les dispositions de l'article 401, sans
toutefois pouvoir réduire la durée de l'emprisonnement au-dessous de deux ans.

Si la peine est celle de la reclusion, de la
détention, du bannissement ou de la dégradation civique, la cour appliquera les dispositions de l'article 401, sans toutefois pouvoir
réduire la durée de l'emprisonnement au-dessous d'un an.

Dans les cas où le code prononce le *maximum* d'une peine afflictive, s'il existe des circonstances atténuantes, la cour appliquera le
minimum de la peine, ou même la peine
inférieure.

Dans tous les cas où la peine de l'emprisonnement et celle de l'amende sont prononcées
par le Code pénal, si les circonstances paraissent atténuantes, les tribunaux correctionnels
sont autorisés, même en cas de récidive, à
réduire l'emprisonnement même au-dessous
de six jours, et l'amende même au-dessous de
seize francs ; ils pourront aussi prononcer séparément l'une ou l'autre de ces peines, et même
substituer l'amende à l'emprisonnement, sans
qu'en aucun cas elle puisse être au-dessous des
peines de simple police.

LIVRE IV.

CONTRAVENTIONS DE POLICE ET PEINES.

[Loi décrétée le 20 février 1810. Promulguée le 2 mars suivant.]

CHAPITRE Iᵉʳ.

DES PEINES.

464. Les peines de police sont :
L'emprisonnement,
L'amende,
Et la confiscation de certains objets saisis.

465. L'emprisonnement, pour contravention de police, ne pourra être moindre d'un jour, ni excéder cinq jours, selon les classes, distinctions et cas ci-après spécifiés.

Les jours d'emprisonnement sont des jours complets de vingt-quatre heures.

466. Les amendes pour contravention pourront être prononcées depuis un franc jusqu'à quinze francs inclusivement, selon les distinctions et classes ci-après spécifiées, et seront appliquées au profit de la commune où la contravention aura été commise.

467. La contrainte par corps a lieu pour le paiement de l'amende.

Néanmoins le condamné ne pourra être, pour cet objet, détenu plus de quinze jours, s'il justifie de son insolvabilité.

468. En cas d'insuffisance des biens, les restitutions et les indemnités dues à la partie lésée sont préférées à l'amende.

469. Les restitutions, indemnités et frais entraîneront la contrainte par corps, et le con-

damné gardera prison jusqu'à parfait paiement : néanmoins , si ces condamnations sont prononcées au profit de l'Etat , les condamnés pourront jouir de la faculté accordée par l'article 467 , dans le cas d'insolvabilité prévu par cet article.

470. Les tribunaux de police pourront aussi, dans les cas déterminés par la loi , prononcer la confiscation, soit des choses saisies en contravention , soit des choses produites par la contravention , soit des matières ou des instrumens qui ont servi ou étaient destinés à la commettre.

CHAPITRE II.

CONTRAVENTIONS ET PEINES.

SECTION Ire.

Première Classe.

471. Seront punis d'amende , depuis un franc jusqu'à cinq francs inclusivement,

1° Ceux qui auront négligé d'entretenir , réparer ou nettoyer les fours , cheminées ou usines où l'on fait usage du feu;

2° Ceux qui auront violé la défense de tirer , en certains lieux , des pièces d'artifice;

3° Les aubergistes et autres qui , obligés à l'éclairage , l'auront négligé; ceux qui auront négligé de nettoyer les rues ou passages , dans les communes où ce soin est laissé à la charge des habitans;

4° Ceux qui auront embarrassé la voie publique, en y déposant ou y laissant sans nécessité, des matériaux ou des choses quelconques qui empêchent ou diminuent la liberté ou la sûreté du passage; ceux qui, en contravention aux lois et réglemens, auront négligé d'éclairer les matériaux par eux entreposés ou les excavations par eux faites dans les rues et places;

5° Ceux qui auront négligé ou refusé d'exécuter les réglemens ou arrêtés concernant la petite voirie, ou d'obéir à la sommation émanée de l'autorité administrative, de réparer ou démolir les édifices menaçant ruine;

6° Ceux qui auront jeté ou exposé au-devant de leurs édifices des choses de nature à nuire par leur chute ou par des exhalaisons insalubres;

7° Ceux qui auront laissé dans les rues, chemins, places, lieux publics, ou dans les champs, des coutres de charrue, pinces, barres, barreaux, ou autres machines, ou instrumens, ou armes, dont puissent abuser les voleurs et autres malfaiteurs;

8° Ceux qui auront négligé d'écheniller dans les campagnes ou jardins où ce soin est prescrit par la loi ou les réglemens;

9° Ceux qui, sans autre circonstance prévue par les lois, auront cueilli ou mangé, sur le lieu même, des fruits appartenant à autrui;

10° Ceux qui, sans autre circonstance, auront glané, râtelé ou grapillé dans les champs non encore entièrement dépouillés et vidés de leurs récoltes, ou avant le moment du lever ou après celui du coucher du soleil;

11° Ceux qui, sans avoir été provoqués, auront proféré contre quelqu'un des injures, au—

tres que celles prévues depuis l'article 367 jusques et compris l'article 378;

12.° Ceux qui imprudemment auront jeté des immondices sur quelque personne;

13° Ceux qui, n'étant ni propriétaires, ni usufruitiers, ni locataires, ni fermiers, ni jouissant d'un terrain ou d'un droit de passage, ou qui n'étant agens ni préposés d'aucune de ces personnes, seront entrés et auront passé sur ce terrain, ou sur partie de ce terrain, s'il est préparé ou ensemencé;

14° Ceux qui auront laissé passer leurs bestiaux ou leurs bêtes de trait, de charge ou de monture, sur le terrain d'autrui, avant l'enlèvement de la récolte.

15° (1). Ceux qui auront contrevenu aux réglemens légalement faits par l'autorité administrative, et ceux qui ne se seront pas conformés aux réglemens ou arrêtés publiés par l'autorité municipale, en vertu des articles 3 et 4, titre XI de la loi du 16-24 août 1790, et de l'article 46, titre Ier de la loi du 19-22 juillet 1791.

472. Seront en outre confisqués, les pièces d'artifice saisies dans le cas du n° 2 de l'article 471, les coutres, les instrumens et les armes mentionnés dans le n° 7 du même article.

473. La peine d'emprisonnement pendant trois jours au plus, pourra de plus être prononcée, selon les circonstances, contre ceux qui auront tiré des pièces d'artifice, contre ceux qui auront glané, râtelé ou grapillé en

---

(1) Le § 15 a été ajouté à l'ancien article 471 par la loi de ce jour.

contravention au n° 10 de l'article 471.

474. La peine d'emprisonnement contre toutes les personnes mentionnées en l'article 471, aura toujours lieu, en cas de récidive, pendant trois jours au plus.

SECTION II.

Deuxième classe.

475. Seront punis d'amende, depuis six francs jusqu'à dix francs inclusivement.

1° Ceux qui auront contrevenu aux bans de vendanges ou autres bans autorisés par les réglemens;

2° Les aubergistes, hôteliers, logeurs ou loueurs de maisons garnies, qui auront négligé d'inscrire de suite et sans aucun blanc, sur un registre tenu régulièrement, les nom, qualités, domicile habituel, dates d'entrée et de sortie de toute personne qui aurait couché ou passé une nuit dans leurs maisons; ceux d'entre eux qui auraient manqué à représenter ce registre aux époques déterminées par les réglemens, ou lorsqu'ils en auraient été requis, aux maires, adjoints, officiers ou commissaires de police, ou aux citoyens commis à cet effet : le tout sans préjudice des cas de responsabilité mentionnés en l'article 73 du présent code, relativement aux crimes ou aux délits de ceux qui, ayant logé ou séjourné chez eux, n'auraient pas été régulièrement inscrits;

3° Les rouliers, charretiers, conducteurs de voitures quelconques ou de bêtes de charge, qui

auraient contrevenu aux réglemens par lesquels
ils sont obligés de se tenir constamment à portée
de leurs chevaux, bêtes de trait ou de charge et
de leurs voitures, et en état de les guider et con-
duire ; d'occuper un seul côté des rues, chemins
ou voies publiques ; de se détourner ou ranger
devant toutes autres voitures, et, à leur ap-
proche, de leur laisser libre au moins la moitié
des rues, chaussées, routes et chemins ;

4° Ceux qui auront fait ou laissé courir les
chevaux, bêtes de trait, de charge ou de monture, dans l'intérieur d'un lieu habité, ou violé
les réglemens contre le chargement, la rapidité
ou la mauvaise direction des voitures ;

(1) Ceux qui contreviendront aux dispositions des ordonnances et réglemens ayant pour
objet :

La solidité des voitures publiques ;

Leur poids ;

Le mode de leur chargement ;

Le nombre et la sûreté des voyageurs ;

L'indication, dans l'intérieur des voitures,
des places qu'elles contiennent et du prix des
places ;

L'indication, à l'extérieur, du nom du propriétaire ;

5° Ceux qui auront établi ou tenu dans les
rues, chemins, places ou lieux publics, des
jeux de loterie ou d'autres jeux de hasard ;

6° Ceux qui auront vendu ou débité des bois-

_____

(1) A partir de ces mots, la fin du n° 4 a été ajoutée par la loi de ce jour
à l'ancien article 475, déjà modifié dans les mêmes termes par la loi du 28
juin 1829.

sons falsifiées ; sans préjudice des peines plus sévères qui seront prononcées par les tribunaux de police correctionnelle, dans le cas où elles contiendraient des mixtions nuisibles à la santé ;

7° Ceux qui auraient laissé divaguer des fous ou des furieux étant sous leur garde, ou des animaux malfaisans ou féroces ; ceux qui auront excité ou n'auront pas retenu leurs chiens, lorsqu'ils attaquent ou poursuivent les passans, quand même il n'en serait résulté aucun mal ni dommage ;

8° Ceux qui auraient jeté des pierres ou d'autres corps durs ou des immondices contre les maisons, édifices et clôtures d'autrui, ou dans les jardins ou enclos, et ceux aussi qui auraient volontairement jeté des corps durs ou des immondices sur quelqu'un ;

9° Ceux qui, n'étant propriétaires, usufruitiers ni jouissant d'un terrain ou d'un droit de passage, y sont entrés et y ont passé dans le temps où ce terrain était chargé de grains en tuyau, de raisins ou autres fruits mûrs ou voisins de la maturité ;

10° Ceux qui auraient fait ou laissé passer des bestiaux, animaux de trait, de charge ou de monture, sur le terrain d'autrui, ensemencé ou chargé d'une récolte, en quelque saison que ce soit, ou dans un bois taillis appartenant à autrui ;

11° Ceux qui auraient refusé de recevoir les espèces et monnaies nationales, non fausses ni altérées, selon la valeur pour laquelle elles ont cours ;

12° Ceux qui, le pouvant, auront refusé ou négligé de faire les travaux, le service, ou de prêter le secours dont ils auront été requis, dans les circonstances d'accidens, tumultes, naufrage, inondation, incendie ou autres calamités, ainsi que dans les cas de brigandages, pillages, flagrant délit, clameur publique ou d'exécution judiciaire ;

13° Les personnes désignées aux articles 284 et 288 du présent code ;

14° (1) Ceux qui exposent en vente des comestibles gâtés, corrompus ou nuisibles ;

15° Ceux qui déroberont, sans aucune des circonstances prévues en l'article 388, des récoltes ou autres productions utiles de la terre, qui, avant d'être soustraites, n'étaient pas encore détachées du sol.

476. Pourra, suivant les circonstances, être prononcé, outre l'amende portée en l'article précédent, l'emprisonnement pendant trois jours au plus, contre les rouliers, charretiers, voituriers et conducteurs en contravention ; contre ceux qui auront contrevenu (2) aux réglemens ayant pour objet, soit la rapidité, la mauvaise direction ou le chargement des voitures ou des animaux, soit la solidité des voitures publiques, leur poids, le mode de leur chargement, le nombre et la sûreté des voyageurs ; contre les vendeurs et débitans de bois-

---

(1) Les deux numéros 14° et 15° ont été ajoutés à l'ancien article 475 par la loi de ce jour.

(2) Cette disposition a été ajoutée, par la loi de ce jour, à l'ancien article 476, conformément à la loi du 28 juin 1829.

sons falsifiées; contre ceux qui auraient jeté
des corps durs ou des immondices.

477. Seront saisis et confisqués, 1° les tables,
instrumens, appareils des jeux ou des loteries
établis dans les rues, chemins et voies publiques, ainsi que les enjeux, les fonds, denrées, objets ou lots proposés aux joueurs, dans
le cas de l'article 476 ; 2° les boissons falsifiées,
trouvées appartenir au vendeur et débitant :
ces boissons seront répandues ; 3° les écrits ou
gravures contraires aux mœurs : ces objets seront mis sous le pilon ; 4° les comestibles gâtés, corrompus ou nuisibles : ces comestibles
seront détruits (1).

478. La peine de l'emprisonnement pendant
cinq jours au plus sera toujours prononcée, en
cas de récidive, contre toutes les personnes
mentionnées dans l'article 475.

(2) Les individus mentionnés au n° 5 du
même article qui seraient repris pour le même
fait en état de récidive, seront traduits devant
le tribunal de police correctionnelle, et punis
d'un emprisonnement de six jours à un mois ;
et d'une amende de seize francs à deux cents
francs.

SECTION III.

Troisième classe.

479 Seront punis d'une amende de onze à
quinze francs inclusivement,

---

(1) Ce n° 4 a été ajouté, par la loi de ce jour, à l'ancien article 477.
(2) Le second alinéa de cet article a été ajouté par la loi de ce jour.

1° Ceux qui, hors les cas prévus depuis l'article 434 jusques et compris l'article 462, auront volontairement causé du dommage aux propriétés mobilières d'autrui :

2° Ceux qui auront occasionné la mort ou la blessure des animaux ou bestiaux appartenant à autrui, par l'effet de la divagation des fous ou furieux, ou d'animaux malfaisans ou féroces, ou par la rapidité ou la mauvaise direction ou le chargement excessif des voitures, chevaux, bêtes de trait, de charge ou de monture ;

3° Ceux qui auront occasionné les mêmes dommages par l'emploi ou l'usage d'armes sans précaution ou avec maladresse, ou par jet de pierres ou d'autres corps durs ;

4° Ceux qui auront causé les mêmes accidens par la vétusté, la dégradation, le défaut de réparation ou d'entretien des maisons ou édifices, ou par l'encombrement ou l'excavation, ou telles autres œuvres, dans ou près les rues, chemins, places ou voies publiques, sans les précautions ou signaux ordonnés ou d'usage ;

5° Ceux qui auront de faux poids ou de fausses mesures dans leurs magasins, boutiques, ateliers ou maisons de commerce, ou dans les halles, foires ou marchés, sans préjudice des peines qui seront prononcées par les tribunaux de police correctionnelle contre ceux qui auraient fait usage de ces faux poids ou de ces fausses mesures ;

6° Ceux qui emploieront des poids ou des mesures différens de ceux qui sont établis par les lois en vigueur ;

(1) Les boulangers et bouchers qui vendront le pain ou la viande au-delà du prix fixé par la taxe légalement faite et publiée ;

7° Les gens qui font métier de deviner et pronostiquer, ou d'expliquer les songes ;

8° Les auteurs ou complices de bruits ou tapages injurieux ou nocturnes, troublant la tranquillité des habitans ;

9° (2). Ceux qui auront méchamment enlevé ou déchiré les affiches apposées par ordre de l'administration.

10° Ceux qui meneront sur le terrain d'autrui des bestiaux, de quelque nature qu'ils soient, et notamment dans les prairies artificielles, dans les vignes, oseraies, dans les plants de capriers, dans ceux d'oliviers, de mûriers, de grenadiers, d'orangers, et d'arbres du même genre, dans tous les plants ou pépinières d'arbres fruitiers ou autres, faits de main d'homme.

11° Ceux qui auront dégradé ou détérioré, de quelque manière que ce soit, les chemins publics, ou usurpé sur leur largeur ;

12° Ceux qui, sans y être dûment autorisés, auront enlevé des chemins publics les gazons, terres ou pierres, ou qui, dans les lieux appartenant aux communes, auraient enlevé les terres ou matériaux, à moins qu'il n'existe un usage général qui l'autorise.

480. Pourra, selon les circonstances, être

---

(1) La fin de ce numéro 6° a été ajoutée, par la loi de ce jour, à l'ancien article 479.

(2) Les nos 9°, 10°, 11° et 12° ont été ajoutés, par la loi de ce jour, à l'ancien article 479.

prononcée la peine d'emprisonnement pendant
cinq jours au plus,

1° Contre ceux qui auront occasionné la mort
ou la blessure des animaux ou bestiaux appartenant à autrui, dans les cas prévus par le n° 3
du précédent article; 2° contre les possesseurs de
faux poids et de fausses mesures; 3° contre
ceux qui emploient des poids ou des mesures
différens de ceux que la loi en vigueur a établis; (1) contre les boulangers et bouchers,
dans les cas prévus par le paragraphe 6 de l'article précédent; 4° contre les interprètes de
songes; 5° contre les auteurs ou complices de
bruits ou tapages injurieux ou nocturnes.

481. Seront, de plus, saisis et confisqués,
1° les faux poids, les fausses mesures, ainsi que
les poids et les mesures différens de ceux que
la loi a établis ; 2° les instrumens, ustensiles et
costumes servant ou destinés à l'exercice du
métier de devin, pronostiqueur, ou interprète
de songes.

482. La peine d'emprisonnement pendant
cinq jours aura toujours lieu, pour récidive,
contre les personnes et dans les cas mentionnés
en l'article 479.

DISPOSITION COMMUNE AUX TROIS SECTIONS CI-DESSUS.

483. Il y a récidive dans tous les cas prévus
par le présent livre, lorsqu'il a été rendu contre
le contrevenant, dans les douze mois précédens, un premier jugement pour contravention

(1) La fin de ce numéro 3° a été ajoutée, par la loi de ce jour, à l'ancien article 490.

de police commise dans le ressort du même tribunal.

(1) L'article 463 du présent code sera applicable à toutes les contraventions ci-dessus in-
diquées.

DISPOSITION GÉNÉRALE.

484. Dans toutes les matières qui n'ont pas
été réglées par le présent code et qui sont régies
par des lois et règlemens particuliers, les cours
et les tribunaux continueront de les observer.

Nos ministres secrétaires d'état sont chargés,
chacun en ce qui le concerne, de l'exécution
de la présente ordonnance, qui sera insérée au
Bulletin des lois.

Paris, le 28 Avril 1832.

___

(1) Ce second alinéa a été ajouté, par la loi de ce jour, à l'ancien article 483.

Signé LOUIS-PHILLIPPE.

Par le Roi : *le Garde des Sceaux, Ministre Sécraire d'état*
au département de la justice ,

Signé BARTHE.

CERTIFIÉ conforme par nous

Garde des sceaux de France, Ministre
Secretaire d'état au département de
la justice ,

A Paris, le 1er Mai* 1832,

BARTHE.

* Cette date est celle de la réception du Bulletin
à la chancellerie.

TABLE
DU CODE PÉNAL.

LIVRE IV.

CONTRAVENTIONS DE POLICE ET PEINES.

FIN.

LOI

CONTENANT DES MODIFICATIONS

AU CODE D'INSTRUCTION

CRIMINELLE.

LOI

CONTENANT DES MODIFICATIONS

AU CODE D'INSTRUCTION

CRIMINELLE.

A Paris, au Palais des Tuileries, le 29 Avril 1832.

LOUIS - PHILIPPE, Roi des Français, à tous présens et à venir, salut.

Les chambres ont adopté, nous avons ordonné et ordonnons ce qui suit :

CODE D'INSTRUCTION CRIMINELLE.

Art. 1er. Les articles 206, 339, 340, 341, 345, 347, 368, 372, 399 et 619 du Code d'instruction criminelle sont abrogés ; ils seront remplacés par les articles suivans.

2. (206). La mise en liberté du prévenu acquitté ne pourra être suspendue, lorsqu'aucun appel n'aura été déclaré ou notifié dans les trois jours de la prononciation du jugement.

3. (339). Lorsque l'accusé aura proposé pour excuse un fait admis comme tel par la loi, le président devra, à peine de nullité, poser la question ainsi qu'il suit :

« Tel fait est-il constant ? »

4. (340). Si l'accusé a moins de seize ans, le président posera, à peine de nullité, cette question :

« L'accusé a-t-il agi avec discernement ? »

1

5. (341). En toute matière criminelle, même en cas de récidive, le président, après avoir posé les questions résultant de l'acte d'accusation et des débats, avertira le jury, à peine de nullité, que s'il pense, à la majorité de plus de sept voix, qu'il existe, en faveur d'un ou de plusieurs accusés reconnus coupables, des circonstances atténuantes, il devra en faire la déclaration dans ces termes :

« A la majorité de plus de sept voix, il y a
» des circonstances atténuantes en faveur de tel
» accusé. »

Ensuite le président remettra les questions écrites aux jurés, dans la personne du chef du jury, et il leur remettra en même temps l'acte d'accusation, les procès-verbaux qui constatent les délits, et les pièces du procès autres que les déclarations écrites des témoins.

Il fera retirer l'accusé de l'auditoire.

6. (345). Le chef du jury les interrogera d'après les questions posées, et chacun d'eux répondra ainsi qu'il suit :

1° Si le juré pense que le fait n'est pas constant, ou que l'accusé n'en est pas convaincu, il dira :

« Non l'accusé n'est pas coupable. » En ce ca le juré n'aura rien de plus à répondre.

2° S'il pense que le fait est constant, que l'accusé en est convaincu, et que la preuve existe à l'égard de toutes les circonstances, il dira :

« Oui, l'accusé est coupable d'avoir commis
» le crime avec toutes les circonstances com-
» prises dans la position des questions. »

3° S'il pense que le fait est constant, que l'accusé en est convaincu, mais que la preuve n'existe qu'à l'égard de quelques-unes des circonstances, il dira :

« Oui, l'accusé est coupable d'avoir com-
» mis le crime avec telle circonstance ; mais il
» n'est pas constant qu'ill'ait fait avec telle au-
» tre. »

4° S'il pense que le fait est constant, que l'accusé en est convaincu, mais qu'aucune des circonstances n'est prouvée, il dira :

« Oui, l'accusé est coupable, mais sans aucune
» des circonstances. »

5° S'il pense que des circonstances atténuantes existent en faveur de l'accusé, il dira :

« Oui, il y a des circonstances atténuantes en
faveur de l'accusé. »

7. (347). La décision du jury se formera contre l'accusé à la majorité de plus de sept voix.

Elle se formera à la même majorité de plus de sept   sur l'existence des circonstances atténuantes.

Dans l'un et l'autre cas la déclaration du jury constatera cette majorité, à peine de nullité, sans que jamais le nombre de voix puisse y être exprimé.

8. (368). L'accusé ou la partie civile qui succombera, sera condamné aux frais envers l'Etat et envers l'autre partie.

Dans les affaires soumises au jury, la partie civile qui n'aura pas succombé ne sera jamais tenue des frais.

Dans le cas où elle en aura consigné, en exécution du décret du 18 juin 1811, ils lui seront restitués.

9. (372). Le greffier dressera un procès-verbal de la séance, à l'effet de constater que les formalités prescrites ont été observées.

Il ne sera fait mention au procès-verbal, ni des réponses des accusés, ni du contenu aux dépositions, sans préjudice toutefois de l'exécution de l'article 318 concernant les changemens, variations et contradictions dans les déclarations des témoins.

Le procès-verbal sera signé par le président et le greffier, et ne pourra être imprimé à l'avance.

Les dispositions du présent article seront exécutés à peine de nullité.

Le défaut de procès-verbal et l'inexécution des dispositions du troisième paragraphe qui précède, seront punis de 500 fr. d'amende contre le greffier.

10. (399). Au jour indiqué, et pour chaque affaire, l'appel des jurés non excusés et non dispensés sera fait avant l'ouverture de l'audience, en leur présence, en présence de l'accusé et du procureur-général.

Le nom de chaque juré répondant à l'appel sera déposé dans une urne.

L'accusé premièrement, ou son conseil, et le procureur-général, récuseront tels jurés qu'ils jugeront à propos, à mesure que leurs noms sortiront de l'urne, sauf la limitation exprimée ci-après.

L'accusé, son conseil, ni le procureur-général, ne pourront exposer leurs motifs de récusation.

Le jury de jugement sera formé à l'instant où il sera sorti de l'urne douze noms de jurés non récusés.

11. (619). Tout condamné à une peine afflictive ou infamante qui aura subi sa peine, ou qui aura obtenu, soit des lettres de commutation, soit des lettres de grâce, pourra être réhabilité.

La demande en réhabilitation ne pourra être formée par les condamnés aux travaux forcés à temps, à la détention ou à la réclusion, que cinq ans après l'expiration de leur peine ; et par les condamnés à la dégradation civique, qu'après cinq ans à compter du jour où la condamnation sera devenue irrévocable, et cinq ans après qu'ils auront subi la peine de l'emprisonnement, s'ils y ont été condamnés. En cas de commutation, la demande en réhabilitation ne pourra être formée que cinq ans après l'expiration de la nouvelle peine, et, en cas de grâce, que cinq ans après l'enregistrement des lettres de grâce.

ON TROUVE CHEZ LE MÊME LIBRAIRE,

LOI sur la Garde Nationale in-18.   25 c.
LOI sur l'organisation municipale.   25 c.
LOI électorale.   25 c.
LOI sur les Pensions des armées de terre.   40 c.
LOI sur la Contrainte par corps promulguée
    le 17 avril 1832.   1 c.

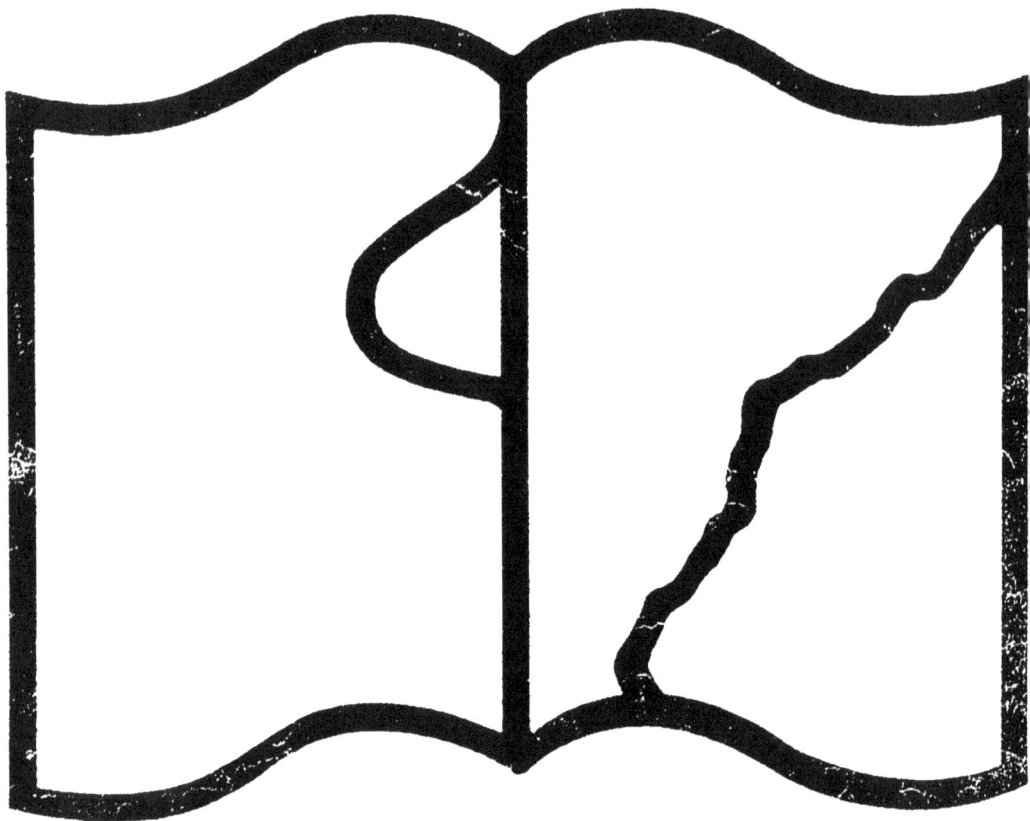

Texte détérioré — reliure défectueuse

NF Z 43-120-11

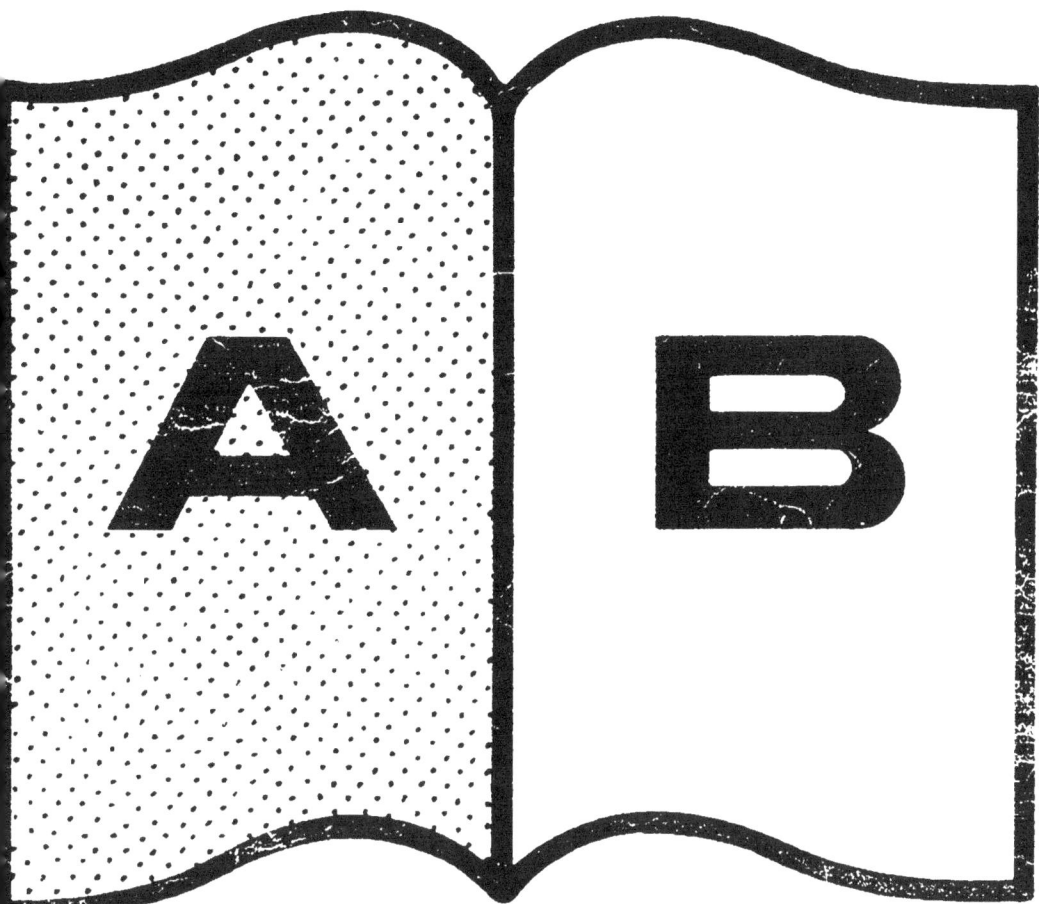

Contraste insuffisant

NF Z 43-120-14